AF498170

A LA MÉMOIRE

DE CHAMPOLLION LE JEUNE,

CET OPUSCULE,

QUI DOIT TANT A SES TRAVAUX IMPRIMÉS ET MANUSCRITS,

EST DÉDIÉ,

COMME UN FAIBLE TÉMOIGNAGE

DE LA SINCÈRE ADMIRATION ET DES PROFONDS REGRETS

DE L'AUTEUR.

INSCRIPTION GRECQUE

DE ROSETTE.

TEXTE ET TRADUCTION LITTÉRALE,

ACCOMPAGNÉE

D'UN COMMENTAIRE CRITIQUE, HISTORIQUE ET ARCHÉOLOGIQUE,

PAR M. LETRONNE,

MEMBRE DE L'INSTITUT ROYAL DE FRANCE; MEMBRE ÉTRANGER DES ACADÉMIES DES SCIENCES DE BERLIN, DE COPENHAGUE, DE MUNICH ET DE TURIN; MEMBRE HONORAIRE DE LA SOCIÉTÉ ROYALE DE LONDRES

AVEC UN FAC-SIMILE DU TEXTE GREC, ET PLUSIEURS DESSINS GRAVÉS SUR BOIS.

PARIS,

FIRMIN DIDOT FRÈRES, LIBRAIRES-ÉDITEURS,

IMPRIMEURS DE L'INSTITUT DE FRANCE,

RUE JACOB, Nº 56.

M DCCC XL.

TYPOGRAPHIE DE FIRMIN DIDOT FRÈRES.

AVERTISSEMENT

Il serait superflu maintenant d'insister sur l'importance scientifique du monument connu sous le nom de *pierre de Rosette*. Tout le monde sait que cette pierre, découverte par les Français en 1799 et transportée en Angleterre, après le traité d'Alexandrie, porte une inscription en deux langues, *égyptienne* et *grecque*, et en trois espèces de caractères, *égyptiens sacrés*, *égyptiens usuels* et *grecs*. Personne n'ignore non plus tous les efforts tentés, depuis près de quarante ans, pour retrouver, à l'aide de la comparaison des trois textes, la connaissance de la langue et des écritures usitées dans l'ancienne Égypte. Je me bornerai donc à dire quelques mots du texte grec dont l'interprétation est l'unique objet de cet écrit.

Ce texte, pris en lui-même et indépendamment de l'intérêt qui résulte de sa comparaison avec les deux autres, nous offre un document historique des plus curieux. Le décret qu'il nous a conservé, rendu en l'honneur de Ptolémée Épiphane par les prêtres d'Égypte rassemblés à Memphis pour la cérémonie de son couronnement, est une pièce jusqu'à présent unique; c'est encore la principale source d'où nous puissions tirer quelques lumières sur la fusion qui, par suite de la conquête d'Alexandre, s'était opérée dans les usages civils ou religieux des deux peuples; en même temps qu'elle complète et confirme plusieurs points importants de l'histoire de cette époque.

Il n'existait en français qu'une seule traduction, celle d'Ameilhon qui fut publiée en 1803, accompagnée d'un commentaire et d'un *fac-simile* du texte (1); travail judicieux et remarquable pour le temps où il a paru. Les imperfections qu'on est forcé d'y reconnaître étaient peut-être en partie inévitables à cette époque, où l'on manquait encore de tout moyen de comparaison. Le même jugement doit s'appliquer à la version latine composée et publiée par Heyne, à peu près vers le même temps. Parmi les savants qui ont ensuite le plus contribué à éclaircir le texte grec, il faut nommer surtout Villoison,

---

(1) Ce *fac-simile* a été reproduit à la fin de cet opuscule.

dont les trois lettres , insérées dans le Magasin encyclopédique, contiennent des observations excellentes qui rectifient la version d'Ameilhon sur plusieurs points essentiels; Porson, dont les belles restitutions remplissent si heureusement plusieurs lacunes à la fin des vingt-quatre dernières lignes ; et M. Drumann dont l'ouvrage donne un résumé exact de ce qui avait été écrit sur le sujet , et présente des recherches savantes qui conservent encore à présent une grande partie de leur utilité.

Après tous ces efforts, il restait encore beaucoup à faire pour l'intelligence complète de ce document historique. J'ai pu dire en 1823, « qu'il s'y trouve plusieurs passages dont le sens n'a jamais été bien entendu. » (*Rech. pour servir à l'hist. de l'Égypte*, etc., *Introd.* p. XLIV.) Depuis, un examen attentif et l'étude comparée des autres inscriptions, ainsi que des papyrus grecs rapportés d'Égypte, ont à mes yeux confirmé ce jugement.

La traduction que je publie est, sauf plusieurs corrections, celle que Champollion m'avait demandée vers 1824, pour servir de base à ses recherches persévérantes, et déjà si heureuses, sur les textes égyptiens de l'inscription de Rosette. Il l'avait désirée parfaitement littérale et aussi près du texte que possible. C'est, en effet, le caractère que je me suis efforcé de donner à cette version. Il devait me communiquer en retour, quand il aurait terminé son grand travail, l'indication de toutes les différences entre les textes égyptiens et le texte grec, ainsi que le sens des passages correspondants aux lacunes du dernier.

Ce secours vient de m'arriver, au moment où je n'y comptais plus. Après la mort de cet illustre philologue, ma version s'est retrouvée dans ses papiers, mais son analyse des textes égyptiens avait disparu, ainsi que d'autres pièces importantes, telles que la première partie de son admirable mémoire sur la notation des parties du temps, et une portion considérable de son dictionnaire hiéroglyphique, indispensable complément de sa grammaire. Un indigne abus de confiance les avait fait passer dans une main qui n'était pas disposée à les rendre. Enfin, après sept ans, ils viennent d'être reconnus parmi les manuscrits du spoliateur, qu'on hésitait d'autant plus à soupçonner qu'il déplorait lui-même publiquement la perte irréparable de ces précieux matériaux.

Avec l'analyse des deux textes égyptiens s'est aussi retrouvée la note des différences que Champollion avait remarquées entre ces textes et le grec. Ces deux pièces, qui m'ont été communiquées par M. Champollion -Figeac, m'ont fourni des renseignements dont j'avais besoin pour compléter mon explication, et pour lever plusieurs des doutes qui m'arrêtaient encore.

Quoique mon travail se soit trouvé, par ce puissant secours, tout prêt pour l'impression, je n'aurais probablement pas songé à le détacher de l'ensemble dont il doit faire partie, si une occasion fortuite ne s'était offerte. Chargé de rendre compte, dans le journal des Savants, de la Bibliothèque des classiques grecs, publiée par M. Firmin Didot, j'ai dû faire une nouvelle étude de Polybe, dans l'excellente édition de M. Dübner; et, comme je venais d'examiner l'inscription de Rosette, j'ai été frappé, plus que je ne l'avais été auparavant, du rapport qu'offre le style de ce monument avec celui de l'historien ; j'ai mieux saisi la liaison des faits qu'elle indique avec quelques-uns de ceux qu'il expose, et reconnu la confirmation éclatante qu'elle apporte à certains récits, dont on avait mis en doute la vérité. Il m'a paru alors qu'on pouvait considérer l'inscription comme une pièce justificative à l'appui de cette grande composition historique.

M. Firmin Didot, qui ne néglige rien pour perfectionner cette belle collection, entreprise si honorable pour la France, se propose de compléter le recueil des fragments des historiens grecs, en imprimant à la suite la chronique de Paros. Il a désiré que ses souscripteurs pussent, s'ils le voulaient, y joindre encore l'inscription de Rosette, si digne d'être placée à côté de ce monument; et j'ai volontiers mis à sa disposition mon travail, qui, sans cette circonstance, aurait paru beaucoup plus tard.

J'ai déjà parlé de ma traduction : je n'ai plus qu'un mot à dire de mon commentaire. La critique verbale y tient plus de place que dans les commentaires d'Ameilhon et de M. Drumann; mais on verra qu'elle était indispensable pour établir le vrai caractère du style, son analogie avec celui de Polybe, sa supériorité incontestable sur celui de la version des Septante, si mêlé d'hébraïsmes; en même temps, pour suivre exactement la marche de l'exposition, et saisir le parfait enchaînement des idées; enfin pour pénétrer aussi avant que possible dans la pensée du rédacteur, et acquérir une perception exacte des faits historiques ou archéologiques qu'il a énoncés. Éviter tous les éclaircissements qui n'étaient pas nécessaires à l'intelligence complète du texte, mais ne négliger aucun de ceux qui pouvaient y conduire ; renvoyer aux recherches antérieures, quand je ne trouvais rien d'utile à y ajouter ; écarter ainsi toutes les discussions qui éloignent du but principal ; avoir toujours ce but devant les yeux, et y arriver par le plus court chemin ; ne donner les explications conjecturales que pour ce qu'elles sont réellement, afin d'appeler la discussion sur les points qui restent encore douteux ou obscurs ; voilà ce que je me suis proposé de faire. Puissé-je y avoir réussi au gré des connaisseurs !

Les remarques de Champollion, contenues, soit dans sa Grammaire imprimée, soit dans ses manuscrits, m'ont permis de remplir plus sûrement quelques lacunes du texte ; elles m'ont également fourni des indications qui établissent que le texte grec, écrit avec une aisance, une netteté et une propriété d'expression qu'on n'avait pas assez remarquées, est la rédaction *primitive*, traduite après coup en égyptien, puis exprimée en caractères sacrés. En effet, une pièce où l'autorité royale était à ce point engagée devait être rédigée d'abord par un scribe royal dans la langue du gouvernement, dans celle dont ses agents avaient exclusivement la connaissance et l'usage ; soumise ensuite à une censure préalable ; et, après approbation, envoyée aux scribes égyptiens, pour être traduite, comme ils l'entendraient, dans la langue du pays. Il a dû en être ainsi de tous les actes publics de cette importance ; la rédaction grecque était la seule officielle et reconnue de l'autorité.

Je désire que ce travail paraisse un *spécimen* satisfaisant de la méthode d'interprétation que je me propose d'appliquer à toutes les inscriptions grecques de l'Égypte, dont le recueil complet sera bientôt mis sous presse, ainsi que la collection, depuis si longtemps attendue, des papyrus grecs du Musée du Louvre. Ces deux grandes collections de documents, la plupart inédits, qui éclairent une partie importante de l'histoire ancienne, ou nous font connaître la vie politique et civile de l'Egypte grecque et romaine, seront imprimées simultanément de manière à paraître vers la même époque.

INSCRIPTION DE ROSETTE.

TEXTE ET TRADUCTION.

L. 1. Βασιλεύοντος τοῦ νέου, καὶ παραλαβόντος τὴν βασιλείαν παρὰ τοῦ πατρὸς, κυρίου βασιλειῶν, μεγαλοδόξου, τοῦ τὴν Αἴγυπτον καταστησαμένου, καὶ τὰ πρὸς τοὺς

L. 2. θεοὺς εὐσεβοῦς, ἀντιπάλων ὑπερτέρου, τοῦ τὸν βίον τῶν ἀνθρώπων ἐπανορθώσαντος, κυρίου τριακονταετηρίδων, καθάπερ ὁ Ἥφαιστος ὁ μέγας· βασιλέως, καθάπερ ὁ ἥλιος,

L. 3. μέγας βασιλεὺς τῶν τε ἄνω καὶ τῶν κάτω χωρῶν· ἐκγόνου θεῶν Φιλοπατόρων· ὃν ὁ Ἥφαιστος ἐδοκίμασεν· ᾧ ὁ ἥλιος ἔδωκεν τὴν νίκην· εἰκόνος ζώσης τοῦ Διὸς, υἱοῦ τοῦ ἡλίου, Πτολεμαίου,

L. 4. αἰωνοβίου, ἠγαπημένου ὑπὸ τοῦ Φθᾶ· ἔτους ἐνάτου, ἐφ' ἱερέως Ἀέτου, τοῦ Ἀέτου, Ἀλεξάνδρου, καὶ θεῶν Σωτήρων, καὶ θεῶν Ἀδελφῶν, καὶ θεῶν Εὐεργετῶν, καὶ θεῶν Φιλοπατόρων, καὶ

L. 5. θεοῦ Ἐπιφανοῦς, Εὐχαρίστου· ἀθλοφόρου Βερενίκης Εὐεργέτιδος, Πύρρας, τῆς Φιλίνου· κανηφόρου Ἀρσινόης Φιλαδέλφου, Ἀρείας, τῆς Διογένους· ἱερείας Ἀρσινόης Φιλοπάτορος, Εἰρήνης,

L. 6. τῆς Πτολεμαίου· μηνὸς Ξανδικοῦ τετράδι, Αἰγυπτίων δὲ Μεχεὶρ ὀκτωκαιδεκάτῃ· Ψήφισμα· οἱ ἀρχιερεῖς, καὶ προφῆται, καὶ οἱ εἰς τὸ ἄδυτον εἰσπορευόμενοι πρὸς τὸν στολισμὸν τῶν

L. 7. θεῶν, καὶ πτεροφόραι, καὶ ἱερογραμματεῖς, καὶ οἱ ἄλλοι ἱερεῖς πάντες, οἱ ἀπαντήσαντες ἐκ τῶν κατὰ τὴν χώραν ἱερῶν εἰς Μέμφιν τῷ βασιλεῖ, πρὸς τὴν πανήγυριν τῆς παραλήψεως τῆς

L. 8. βασιλείας, τῆς Πτολεμαίου, αἰωνοβίου, ἠγαπημένου ὑπὸ τοῦ Φθᾶ, θεοῦ Ἐπιφανοῦς, Εὐχαρίστου, ἣν παρέλαβεν παρὰ τοῦ πατρὸς αὐτοῦ, συναχθέντες ἐν τῷ ἐν Μέμφει ἱερῷ, τῇ ἡμέρᾳ ταύτῃ, εἶπαν.

L. 1. Sous le règne du JEUNE [1], et successeur immédiat de son père [2]; maître des couronnes [3]; couvert de gloire; ayant établi l'ordre en Égypte; pieux

L. 2. envers les dieux [4]; supérieur à ses adversaires; ayant amélioré la vie des hommes [5]; maître des triacontaétérides [6], comme Héphæstos, le grand [7]; roi comme le soleil

L. 3. grand roi des régions supérieures et inférieures [8]; né des dieux Philopators; éprouvé par Héphæstos [9]; à qui le soleil a donné la victoire [10]; image vivante de Zeus; fils d'Hélios; PTOLÉMÉE,

L. 4. toujours vivant, chéri de Phthas; la IXe année; Aëtes, fils d'Aëtès, étant prêtre d'Alexandre et des dieux Soters, et des dieux Adelphes, et des dieux Évergètes et des dieux Philopators, et

L. 5. du dieu [11] Épiphane, Eucharisti [12]; étant athlophore de Bérénice Évergète Pyrrha, fille de Philinus; étant canéphore d'Arsinoë Philadelphe Aria, fille de Diogène:

L. 6. étant prêtresse [13] d'Arsinoë Philopator Irène, fille de Ptolémée [14]: du mois Xandique le IV [15]; et du mois des Égyptiens Méchir le XVIII;

DÉCRET [16] :

Les grands prêtres et prophètes, et ceux qui pénètrent dans le sanctuaire pour l'habillement des

L. 7. dieux, et ptérophores, et hiérogrammates, et tous les autres prêtres [17] qui, des temples du pays, s'étant rendus à Memphis, au-devant du roi, pour la panégyrie de la réception de la

L. 8. couronne, de Ptolémée, toujours vivant, chéri de Phthas, dieu Épiphane, Eucharisti, laquelle il a reçue immédiatement de son père, réunis dans le temple de Memphis [18], ce même jour, ont dit :

L. 9. Ἐπειδὴ βασιλεὺς Πτολεμαῖος, αἰωνόβιος, ἠγαπημένος ὑπὸ τοῦ Φθᾶ, θεὸς Ἐπιφανής, Εὐχάριστος, ὁ ἐγ βασιλέως Πτολεμαίου καὶ βασιλίσ-
σης Ἀρσινόης, θεῶν Φιλοπατόρων, κατὰ πολλὰ
εὐεργέτηκεν τά θ' ἱερὰ, καὶ

L. 10. τοὺς ἐν αὐτοῖς ὄντας, καὶ τοὺς ὑπὸ τὴν ἑαυτοῦ
βασιλείαν τασσομένους ἅπαντας· ὑπάρχων θεὸς
ἐκ θεοῦ καὶ θεᾶς, καθάπερ Ὧρος, ὁ τῆς Ἴσιος
καὶ Ὀσίριος υἱὸς, ὁ ἐπαμύνας τῷ πατρὶ αὐτοῦ
Ὀσίρι, τά [τε] πρὸς θεοὺς

L. 11. εὐεργετικῶς διαχείμενος, ἀνατέθεικεν εἰς τὰ
ἱερὰ ἀργυρικάς τε καὶ σιτικὰς προσόδους· καὶ
δαπάνας πολλὰς ὑπομεμένηκεν, ἕνεκα τοῦ τὴν
Αἴγυπτον εἰς εὐδίαν ἀγαγεῖν, καὶ τὰ ἱερὰ κα-
ταστήσασθαι,

L. 12. ταῖς τε ἑαυτοῦ δυνάμεσιν περιλανθρώπηκε πάσαις, καὶ ἀπὸ τῶν ὑπαρχουσῶν ἐν Αἰγύπτῳ
προσόδων, καὶ φορολογιῶν, τινὰς μὲν εἰς τέλος
ἀφῆκεν, ἄλλας δὲ κεκούφικεν, ὅπως ὅ τε λαὸς
καὶ οἱ ἄλλοι πάντες ἐν

L. 13. εὐθηνίᾳ ὦσιν ἐπὶ τῆς ἑαυτοῦ βασιλείας· τά τε
βασιλικὰ ὀφειλήματα, ἃ προσώφειλον οἱ ἐν Αἰγύπτῳ, καὶ οἱ ἐν τῇ λοιπῇ βασιλείᾳ αὐτοῦ,
ὄντα πολλὰ, τῷ πλήθει ἀφῆκεν· καὶ τοὺς ἐν
ταῖς φυλακαῖς

L. 14. ἀπηγμένους, καὶ τοὺς ἐν αἰτίαις ὄντας ἐκ πολλοῦ χρόνου, ἀπέλυσε τῶν ἐνκεκλημένων· προσ-
έταξε δὲ καὶ τὰς προσόδους τῶν ἱερῶν, καὶ
τὰς διδομένας εἰς αὐτὰ κατ' ἐνιαυτὸν συντάξεις,
σιτι-

L. 15. κάς τε καὶ ἀργυρικὰς, ὁμοίως δὲ καὶ τὰς καθηκούσας ἀπομοίρας τοῖς θεοῖς, ἀπό τε τῆς ἀμπελίτιδος γῆς, καὶ τῶν παραδείσων, καὶ τῶν ἄλλων
τῶν ὑπαρξάντων τοῖς θεοῖς, ἐπὶ τοῦ πατρὸς αὐτοῦ,

L. 16. μένειν ἐπὶ χώρας· προσέταξεν δὲ καὶ περὶ τῶν
ἱερέων, ὅπως μηθὲν πλεῖον διδῶσιν εἰς τὸ τε-
λεστικὸν, οὗ ἐτάσσοντο ἕως τοῦ πρώτου ἔτους,
ἐπὶ τοῦ πατρὸς αὐτοῦ· ἀπέλυσεν δὲ καὶ τοὺς ἐκ
τῶν

L. 17. ἱερῶν ἐθνῶν τοῦ κατ' ἐνιαυτὸν εἰς Ἀλεξάνδρειαν
κατάπλου· προσέταξεν δὲ καὶ τὴν σύλληψιν τῶν
εἰς τὴν ναυτείαν μὴ ποιεῖσθαι· τῶν τ' εἰς τὸ
βασιλικὸν συντελουμένων ἐν τοῖς ἱεροῖς βυσ-
σίνων

L. 18. ὀθονίων ἀπέλυσεν τὰ δύο μέρη· τά τε ἐγλελειμμένα πάντα ἐν τοῖς πρότερον χρόνοις ἀπο-
κατέστησεν εἰς τὴν καθήκουσαν τάξιν, φροντίζων ὅπως τὰ εἰθιτμένα συντελῆται τοῖς θεοῖς,
κατὰ τὸ

L. 9. CONSIDÉRANT 19 que le roi Ptolémée, toujours **vivant**, chéri de Phthas, dieu Épiphane, **Eucbariste**, **issu** du roi Ptolémée et de la reine Arsinoë, **dieux** Philopators, a comblé de bienfaits les temples, **et**

L. 10. ceux qui y demeurent, et tous ceux qui sont rangés sous sa domination; qu'étant dieu, né d'un dieu et d'une déesse, comme Horus, le fils d'Isis et d'Osiris, qui a vengé son père Osiris [20]; envers les dieux,

L. 11. plein d'une piété généreuse, il a consacré aux temples des revenus en argent et en vivres [21], et supporté de grandes dépenses pour amener la sérénité [22] en Égypte, et pour établir l'ordre en tout ce qui concerne le culte [23];

L. 12. il a manifesté de toutes ses forces ses sentiments d'humanité [24]; d'entre les revenus publics et impôts perçus en Égypte, il a supprimé définitivement quelques-uns et allégé d'autres; afin que le peuple [25] et tous les autres

L. 13. fussent dans l'abondance sous son règne [26]; les sommes que redevaient au trésor [27] les habitants de l'Égypte, et ceux du reste de son royaume, lesquelles étaient fort considérables, il en a fait une remise générale [28] : quant à ceux qui avaient été

L. 14. emprisonnés [29] et ceux à qui l'on avait intenté procès depuis très-longtemps, il les a délivrés de toute réclamation : il a ordonné en outre que les revenus des temples, et les contributions qui leur étaient accordées chaque année, tant en

L. 15. vivres qu'en argent, ainsi que les parts équitables assignées aux dieux [30], sur les vignobles, les jardins et sur les autres terrains, qui appartenaient aux dieux sous le règne de son père,

L. 16. resteraient sur le même pied : relativement aux prêtres, il a ordonné encore qu'ils ne payent rien de plus à la caisse *télestique* [31] que ce à quoi ils étaient imposés, jusqu'à la première année, sous son père [32]; il a de plus affranchi [33] ceux d'entre les

L. 17. tribus sacrées, de la descente annuelle à Alexandrie [34]; il a ordonné également de ne plus lever la contribution pour la marine [35]; des toiles de byssus livrées dans les temples [36] au trésor royal,

L. 18. il a remis les deux tiers [37]; et tout ce qui était précédemment négligé [38], il l'a rétabli dans l'état convenable, veillant a ce que tout ce qu'il était d'usage de faire pour les dieux fût exécuté comme

L. 19. προσῆκον· ὁμοίως δὲ καὶ τὸ δίκαιον πᾶσιν ἀπέ-
νειμεν, καθάπερ Ἑρμῆς ὁ μέγας καὶ μέγας·
προσέταξεν δὲ καὶ τοὺς καταπορευομένους ἔκ τε
τῶν μαχίμων, καὶ τῶν ἄλλων, τῶν ἀλλότρια

L. 20. φρονησάντων, ἐν τοῖς κατὰ τὴν ταραχὴν και-
ροῖς, κατελθόντας μένειν ἐπὶ τῶν ἰδίων κτήσεων·
προενοήθη δὲ καὶ ὅπως ἐξαποσταλῶσιν δυνάμεις ἱππικαί τε καὶ πεζικαί, καὶ νῆες, ἐπὶ τοὺς
ἐπελθόντας

L. 21. ἐπὶ τὴν Αἴγυπτον κατά τε τὴν θάλασσαν καὶ
τὴν ἤπειρον, ὑπομείνας δαπάνας ἀργυρικάς τε
καὶ σιτικὰς μεγάλας, ὅπως τά θ' ἱερὰ, καὶ οἱ ἐν
αὐτῇ πάντες, ἐν ἀσφαλείᾳ ὦσιν· παραγινόμε-

L. 22. νος δὲ καὶ εἰς Λύκων πόλιν, τὴν ἐν τῷ Βουσι-
ρίτῃ, ἣ ἦν κατειλημμένη καὶ ὠχυρωμένη πρὸς
πολιορκίαν ὅπλων τε παραθέσει δαψιλεστέρᾳ,
καὶ τῇ ἄλλῃ χορηγίᾳ πάσῃ, ὡς ἂν ἐκ πολλοῦ

L. 23. χρόνου συνεστηκυίας τῆς ἀλλοτριότητος τοῖς ἐπι-
συναχθεῖσιν εἰς αὐτὴν ἀσεβέσιν, οἳ ἦσαν εἴς τε
τὰ ἱερὰ, καὶ τοὺς ἐν Αἰγύπτῳ κατοικοῦντας
πολλὰ κακὰ συντετελεσμένοι, καὶ ἀν-

L. 24. τικαθίσας, χώμασίν τε καὶ τάφροις καὶ τείχε-
σιν αὐτὴν ἀξιολόγοις περιέλαβεν· τοῦ τε Νείλου
τὴν ἀνάβασιν μεγάλην ποιησαμένου ἐν τῷ ὀγδόῳ
ἔτει, καὶ εἰθισμένου κατακλύζειν τὰ

L. 25. πεδία, κατέσχεν, ἐκ πολλῶν τόπων ὀχυρώσας
τὰ στόματα τῶν ποταμῶν, χορηγήσας εἰς αὐτὰ
χρημάτων πλῆθος οὐκ ὀλίγον· καὶ, καταστήσας
ἱππεῖς τε καὶ πεζοὺς πρὸς τῇ φυλακῇ

L. 26. αὐτῶν, ἐν ὀλίγῳ χρόνῳ τήν τε πόλιν κατὰ κράτος εἷλεν, καὶ τοὺς ἐν αὐτῇ ἀσεβεῖς πάντας διέ-
φθειρεν· καθάπε[ρ Ἑρμ]ῆς καὶ Ὧρος, ὁ τῆς
Ἴσιος καὶ Ὀσίριος υἱός, ἐχειρώσαντο τοὺς ἐν
τοῖς αὐτοῖς

L. 27. τόποις ἀποστάντας πρότερον· τοὺς [τ'] ἀφηγησαμένους τῶν ἀποστάντων ἐπὶ τοῦ ἑαυτοῦ πατρὸς,
καὶ τὴν χώραν ἐ[νοχλήσ]αντας, καὶ τὰ ἱερὰ ἀδικήσαντας, παραγενόμενος εἰς Μέμφιν, ἐπαμυνῶν

L. 28. τῷ πατρὶ καὶ τῇ ἑαυτοῦ βασιλείᾳ, πάντας ἐκόλασεν καθηκόντως, καθ' ὃν καιρὸν παρεγενήθη
πρὸς τὸ συντελεσθῆ[ναι αὐτῷ τὰ] προσήκοντα
νόμιμα τῇ παραλήψει τῆς βασιλείας· ἀφῆκεν δὲ
καὶ τὰ ἐ[ν]

L. 29. τοῖς ἱεροῖς ὀφειλόμενα εἰς τὸ βασιλικὸν ἕως τοῦ
ὀγδόου ἔτους, ὄντα εἰς σίτου τε καὶ ἀργυρίου
πλῆθος οὐκ ὀλίγον· ὡσαύ[τως δὲ κ]αὶ τὰς τιμὰς
τῶν μὴ συντετελεσμένων εἰς τὸ βασιλικὸν βυσ-
σίνων ὀθ[ονί-]

L. 19. il convient; en même temps il a distribué à
tous la justice, comme Hermès, deux fois grand [39];
il a ordonné, en outre, que les émigrés revenus,
gens de guerre et tous autres qui

L. 02. auraient manifesté des intentions hostiles [40], dans le
temps des troubles [42], conservent les biens en la
possession desquels ils sont rentrés; il a pourvu à ce
que des corps de cavalerie et d'infanterie [43], et des
vaisseaux fussent envoyés contre ceux qui se seraient avancés

L. 21. contre l'Égypte, tant par terre que par mer, suppor-
tant de grandes dépenses en argent et en vivres,
afin que les temples et tous les habitants de l'Égypte
fussent en sûreté;

L. 22. s'étant rendu [44] à Lycopolis [45], celle du [nome] Busirite, ville dont on s'était emparé et qu'on avait
fortifiée contre un siège [46], par de grands dépôts
d'armes et toute autre sorte de munitions, l'esprit
de révolte s'y étant affermi depuis très-long

L. 23. temps, parmi les impies qui, rassemblés dans
cette ville [47], avaient fait beaucoup de mal aux temples et aux habitants de l'Égypte; et ayant formé
le siége de

L. 24. cette place, il l'a environnée de retranchements, de
fossés et de murs solides; le Nil ayant fait une grande
crue [48] dans la VIIIᵉ année [49], et comme il est ac-
coutumé de le faire, inondant les

L. 25. plaines, le roi l'a contenu, en beaucoup de lieux,
en fortifiant l'embouchure des fleuves [50], pour
lesquels travaux il a dépensé des sommes non petites;
après avoir établi des troupes tant de cavalerie
que d'infanterie pour la garde

L. 26. de ces fleuves, il a pris en peu de temps la ville
de vive force [51], et détruit tous les impies qui s'y
trouvaient [52], comme Hermès et Horus, fils d'Isis
et d'Osiris, s'étaient rendus maîtres, dans ces
mêmes

L. 27. lieux [53], des gens révoltés auparavant; quant à ceux
qui s'étaient mis à la tête des rebelles [54], sous son
père, et qui avaient vexé le pays [55], sans respecter
les temples, s'étant rendu à Memphis, pour venger

L. 28. son père et sa propre couronne, il les a punis comme
ils le méritaient, à l'époque où il vint pour célébrer
les cérémonies prescrites pour la réception de la
couronne; de plus, il a remis ce qui dans

L. 29. les temples était dû au trésor royal jusqu'à la
VIIIᵉ année, montant, tant en vivres qu'en argent,
à une quantité non petite; pareillement, il a remis
la valeur des toiles de Byssus qui n'avaient point
été fournies au trésor royal

L. 30. ων, καὶ τῶν συντετελεσμένων τὰ πρὸς τὸν δειγματισμὸν διάφορα ἕως τῶν αὐτῶν χρόνων·
ἀπέλυσεν δὲ τὰ ἱερὰ καὶ τῆς ἀ[ποτεταγ]μένης ἀρ-
τάβης τῇ ἀρούρᾳ τῆς ἱερᾶς γῆς, καὶ τῆς ἀμπελίτιδος ὁμοί[ως]

L. 31. τὸ κεράμιον τῇ ἀρούρᾳ· τῷ τε Ἄπει καὶ τῷ
Μνεύει πολλὰ ἐδωρήσατο, καὶ τοῖς ἄλλοις ἱεροῖς
ζῴοις, τοῖς ἐν Αἰγύπτῳ, πολὺ κρεῖσσον τῶν
πρὸ αὐτοῦ βασιλέων φροντίζων ὑπὲρ τῶν ἀνη-
κόν[των εἰς]

L. 32. αὐτὰ διαπαντός· τά τ' εἰς τὰς ταφὰς αὐτῶν κα-
θήκοντα διδοὺς δαψιλῶς καὶ ἐνδόξως, καὶ τὰ
τελισκόμενα εἰς τὰ ἴδια ἱερὰ, μετὰ θυσιῶν, καὶ
πανηγύρεων, καὶ τῶν ἄλλων τῶν νομι[ζομένων·]

L. 33. τά τε τίμια τῶν ἱερῶν, καὶ τῆς Αἰγύπτου, δια-
τετήρηκεν ἐπὶ χώρας ἀκολούθως τοῖς νόμοις·
καὶ τὸ Ἀπεῖον ἔργοις πολυτελέσιν κατέσκευασεν,
χορηγήσας εἰς αὐτὸ χρυσίου τε κ[αὶ ἀργυρί-]

L. 34. ου, καὶ λίθων πολυτελῶν, πλῆθος οὐκ ὀλίγον·
καὶ ἱερὰ, καὶ ναοὺς, καὶ βωμοὺς, ἱδρύσατο· τά
τε προσδεόμενα ἐπισκευῆς προσδιωρθώσατο,
ἔχων θεοῦ εὐεργετικοῦ ἐν τοῖς ἀνήκου[σιν εἰς τὸ]

L. 35. θεῖον διάνοιαν· προσπυνθανόμενός τε, τὰ τῶν
ἱερῶν τιμιώτατα ἀνενεοῦτο ἐπὶ τῆς ἑαυτοῦ βασιλείας, ὡς καθήκει· ἀνθ' ὧν δεδώκασιν αὐτῷ οἱ
θεοὶ ὑγίειαν, νίκην, κράτος, καὶ τἄλλ' ἀγαθὰ
πάντα,]

L. 36. τῆς βασιλείας διαμενούσης αὐτῷ καὶ τοῖς τέκνοις
ἰς τὸν ἅπαντα χρόνον· Ἀγαθῇ Τύχῃ· ἔδοξεν
τοῖς ἱερεῦσι τῶν κατὰ τὴν χώραν ἱερῶν πάντων,
τὰ ὑπάρχοντα τ[ίμια πάντα]

L. 37. τῷ αἰωνοβίῳ βασιλεῖ Πτολεμαίῳ, ἠγαπημένῳ
ὑπὸ τοῦ Φθᾶ, θεῷ Ἐπιφανεῖ, Εὐχαρίστῳ,
ὁμοίως δὲ καὶ τὰ τῶν γονέων αὐτοῦ, θεῶν Φιλοπατόρων, καὶ τὰ τῶν προγόνων, θεῶν Εὐεργ[ε-
τῶν, καὶ τὰ]

L. 38. τῶν θεῶν Ἀδελφῶν, καὶ τὰ τῶν θεῶν Σωτήρων,
ἐπαύξειν μεγάλως· στῆσαι δὲ τοῦ αἰωνοβίου βασιλέως Πτολεμαίου, θεοῦ Ἐπιφανοῦς, Εὐχαρίστου, εἰκόνα ἐν ἑκάστῳ ἱερῷ, ἐν τῷ ἐπιφα[νε-
στάτῳ τόπῳ·]

L. 39. ἣ προσονομασθήσεται Πτολεμαίου, τοῦ ἐπαμύ-
ναντος τῇ Αἰγύπτῳ· ἢ παρεστήξεται ὁ κυριώτατος θεὸς τοῦ ἱεροῦ, διδοὺς αὐτῷ ὅπλον νικη-
τικόν· ἃ ἔσται κατεσκευασμέν[α τὸν Αἰγυπτίων]

L. 40. τρόπον· καὶ τοὺς ἱερεῖς θεραπεύειν τὰς εἰκόνας
τρὶς τῆς ἡμέρας· καὶ παρατιθέναι αὐταῖς ἱερὸν
κόσμον, καὶ τἄλλα τὰ νομιζόμενα συντελεῖν,
καθὰ καὶ τοῖς ἄλλοις θεοῖς, ἐν [ταῖς ἐν Αἰγύπτῳ πα-]

L. 30. ainsi que les frais de vérification pour celles qui l'a-
vaient été, jusqu'à la même époque; il a affranchi
les temples du droit d'artabe par aroure de terre
sacrée; de même,

L. 31. quant au Keramion par aroure de vignoble; il a fait
beaucoup de donations à l'Apis, au Mnévis, et
aux autres animaux sacrés en Égypte, prenant
beaucoup plus de soin que les rois ses prédécesseurs de ce qui concerne

L. 32. ces animaux, en toute circonstance; et ce qui était
nécessaire à leur sépulture, il l'a donné largement
et noblement, ainsi que les sommes accordées pour
leur culte particulier, y compris les sacrifices, panégyries et autres cérémonies prescrites;

L. 33. les priviléges des temples et de l'Égypte, il les a
maintenus sur le même pied, conformément aux
lois; il a embelli l'Apiéum de magnifiques ouvrages,
ayant dépensé, pour ce temple, d'or, d'argent

L. 34. et de pierres précieuses, une quantité non petite; il a
fondé [68] des temples, des naos, des autels; il a restauré, à son tour, ceux qui avaient encore besoin de
réparations [69], ayant, pour tout ce qui concerne

L. 35. la divinité [70], le zèle d'un dieu bienfaisant; après
nouvelle information [71], il a réparé les plus honorés
des temples [72] sous son règne [73], comme il convient;
en récompense de quoi, les dieux lui ont donné
santé, victoire, force et tous les autres biens,

L. 36. la couronne devant demeurer [74] à lui et à ses enfants, dans toute la durée du temps [75];
A LA BONNE FORTUNE [76];
Il a paru convenable aux prêtres de tous les temples du pays que tous les honneurs rendus

L. 37. au toujours vivant roi Ptolémée, chéri de Phthas,
dieu Épiphane, Euchariste, de même que ceux de
ses parents, dieux Philopators, et ceux de ses aïeux,
dieux Évergètes, et ceux

L. 38. des dieux Adelphes, et ceux des dieux Soters, soient
de nouveau augmentés grandement [77]; qu'on élève
au toujours vivant roi Ptolémée, dieu Épiphane,
Euchariste, une image en chaque temple, dans le
lieu le plus apparent,

L. 39. lequel portera le nom de Ptolémée [78], celui qui a
vengé l'Égypte; qu'auprès soit placé debout le dieu
principal du temple, lui présentant une arme de
victoire, le tout disposé à la manière Égyptienne

L. 40. que les prêtres fassent trois fois par jour le service
religieux [79] auprès des images, et leur mettent un
ornement sacré [80]; et exécutent les autres cérémonies prescrites, comme pour les autres dieux, dans
les panégyries qui se célèbrent en Égypte

L. 41.	νηγύρεσιν· ἱδρύσασθαι δὲ βασιλεῖ Πτολεμαίῳ, Θεῷ Ἐπιφανεῖ, Εὐχαρίστῳ, τῷ ἐγ βασιλέως Πτολεμαίου καὶ βασιλίσσης Ἀρσινόης, Θεῶν Φιλοπατόρων, ξόανόν τε καὶ ναὸν χρ[υσᾶ ἐν ἑκάστῳ τῶν]	panégyries ; qu'ils élèvent au roi Ptolémée, dieu Épiphane, Euchariste, né du roi Ptolémée et de la reine Arsinoë, dieux Philopators, une statue de bois et un édicule dorés [51], dans chacun des
L. 42.	ἱερῶν· καὶ καθιδρύσαι ἐν τοῖς ἀδύτοις μετὰ τῶν ἄλλων ναῶν· καὶ ἐν ταῖς μεγάλαις πανηγύρεσιν, ἐν αἷς ἐξοδεῖαι τῶν ναῶν γίνονται, καὶ τὸν τοῦ Θεοῦ Ἐπιφανοῦς, Εὐ[χαρίστου, ναὸν συνε-]	temples ; qu'ils les placent dans les sanctuaires [82], avec les autres édicules ; et que lors des grandes panégyries où se fait la sortie des édicules, celui du dieu Épiphane, Euchariste, en même temps
L. 43.	ξοδεύειν· ὅπως δ' εὐσημος ᾖ νῦν τε καὶ εἰς τὸν ἔπειτα χρόνον, ἐπικεῖσθαι τῷ ναῷ τὰς τοῦ βασιλέως χρυσᾶς βασιλείας δέκα, αἷς προσκείσεται ἀσπίς, [καθάπερ καὶ ἐπὶ πασῶν]	sorte en même temps ; afin que son édicule [83] soit distingué des autres, maintenant et dans la suite des temps [84], qu'il soit surmonté des dix coiffures d'or du roi [85], devant lesquelles sera placé un aspic [86], comme à toutes les coiffures [87-89]
L. 44.	τῶν ἀσπιδοειδῶν βασιλειῶν, τῶν ἐπὶ τῶν ἄλλων ναῶν· ἔσται δ' αὐτῶν ἐν τῷ μέσῳ ἡ καλουμένη βασιλεία Ψχέντ· ἣν περιθέμενος, εἰσῆλθεν εἰς τὸ ἐν Μέμφ[ει ἱερὸν, ὅπως ἐν αὐτῷ συν-]	aspidoïdes [90], sur les autres édicules ; qu'au milieu d'elles [91] on mette la coiffure appelée Pschent [92], dont le roi s'était couvert, lorsqu'il est entré dans le temple de Memphis, pour y
L. 45.	τελεσθῇ τὰ νομιζόμενα τῇ παραλήψει τῆς βασιλείας· ἐπιθεῖναι δὲ καὶ ἐπὶ τοῦ περὶ τὰς βασιλείας τετραγώνου, κατὰ τὸ προειρημένον βασίλειον, φυλακτήρια χρυ[σᾶ δέκα, οἷς ἐγγραφθήσεται, δ-]	accomplir [93] les cérémonies prescrites dans la prise de possession du trône ; qu'on mette sur le tétragone des coiffures [94], au susdit ornement royal [95], dix phylactères d'or [96], sur lesquels on écrira
L. 46.	τι ἐστὶν τοῦ βασιλέως, τοῦ ἐπιφανῆ ποιήσαντος τήν τε ἄνω χώραν καὶ τὴν κάτω· καὶ ἐπεὶ τὴν τριακάδα τοῦ Μεσορὴ, ἐν ᾗ τὰ γενέθλια τοῦ βασιλέως ἄγεται, ὁμοίως δὲ καὶ [τὴν τοῦ Μεχεὶρ ἑπτακαιδεκάτην],	que c'est celui du roi qui a rendu illustre le pays haut et le pays bas [97] ; et puisque le XXXᵉ de Mésori, dans lequel [98] on célèbre la naissance du roi [99], ainsi que le XVIIᵉ de Méchir [100],
L. 47.	ἐν ᾗ παρέλαβεν τὴν βασιλείαν παρὰ τοῦ πατρὸς, ἐπωνύμους νενομίκασιν ἐν τοῖς ἱεροῖς, αἳ δὴ πολλῶν ἀγαθῶν ἀρχηγοὶ πᾶσιν εἰσίν, ἄγειν τὰς ἡμέρας ταύτας ἑορτ[ὴν, καὶ πανήγυριν, ἐν τοῖς κατὰ τὴν Αἴ-]	dans lequel il a pris la couronne de son père, [les prêtres] les ont reconnus [101] comme éponymes dans les temples, lesquels jours sont en effet, pour tous, cause de beaucoup de biens ; qu'ils les célèbrent par une fête en son honneur et une panégyrie, dans les temples [102]
L. 48.	γυπτον ἱεροῖς, κατὰ μῆνα· καὶ συντελεῖν ἐν αὐτοῖς θυσίας, καὶ σπονδὰς, καὶ τἄλλα τὰ νομιζόμενα, καθὰ καὶ ἐν ταῖς ἄλλαις πανηγύρεσιν· τάς τε γινομένας προθέ[.............. πα]	d'Égypte, chaque mois ; qu'ils y accomplissent des sacrifices, des libations [102], et toutes les autres choses d'usage, comme dans les autres panégyries [104], ainsi que les [103].....
L. 49.	ρεχομένοις ἐν τοῖς ἱεροῖς· ἄγειν δὲ ἑορτὴν, καὶ πανήγυριν, τῷ αἰωνοβίῳ, καὶ ἠγαπημένῳ ὑπὸ τοῦ Φθᾶ, βασιλεῖ Πτολεμαίῳ, θεῷ Ἐπιφανεῖ, Εὐχαρίστῳ, κατ' ἐνι[αυτὸν, ἐν τοῖς ἱεροῖς τοῖς κατὰ τὴν]	dans les temples ; qu'ils célèbrent [106] une fête ; et une panégyrie pour le toujours vivant et chéri de Phthas [107], roi Ptolémée, dieu Épiphane, Euchariste, chaque année dans tous les temples du
L. 50.	χώραν, ἀπὸ τῆς νουμηνίας τοῦ Θωὺθ ἐφ' ἡμέρας πέντε· ἐν αἷς καὶ στεφανηφορήσουσιν, συντελοῦντες θυσίας, καὶ σπονδὰς, καὶ τ' ἄλλα τὰ καθήκοντα· προσαγορεύεσθαι δὲ τοὺς ἱερεῖς τῶν ἄλλων θεῶν]	pays, depuis le premier de Thoyth [108], pendant cinq jours, dans lesquels ils porteront aussi des couronnes [109], accomplissant les sacrifices et les libations, et tout ce qui convient ; que les prêtres des autres dieux reçoivent le nom de [110]

L. 51. καὶ τοῦ θεοῦ Ἐπιφανοῦς, Εὐχαρίστου ἱερεῖς
πρὸς τοῖς ἄλλοις ὀνόμασιν τῶν θεῶν, ὧν ἱερατεύουσι, καὶ καταχωρίσαι εἰς πάντας τοὺς χρηματισμούς, καὶ εἰς τοὺς ἄ[λλους...... τὴν]

L. 52. ἱερατείαν αὐτοῦ· ἐξεῖναι δὲ καὶ τοῖς ἄλλοις ἰδιώταις ἄγειν τὴν ἑορτὴν, καὶ τὸν προειρημένον
ναὸν ἱδρύεσθαι, καὶ ἔχειν παρ' αὐτοῖς, συντελοῦ[σι τὰ νόμιμα ἐν ἑορταῖς, ταῖς τε κατὰ μῆνα,
καὶ]

L. 53. [τα]ῖς κατ' ἐνιαυτὸν, ὅπως γνώριμον ᾖ, διότι οἱ
ἐν Αἰγύπτῳ αὔξουσι, καὶ τιμῶσι τὸν θεὸν
Ἐπιφανῆ, Εὐχάριστον, βασιλέα, καθάπερ νό-
μιμόν ἐστ[ιν· τὸ δὲ ψήφισμα τοῦτο ἀναγράψαι
ἐπὶ στήλην ἐκ]

L. 54. σ]τερεοῦ λίθου, τοῖς τε ἱεροῖς καὶ ἐγχωρίοις
καὶ ἑλληνικοῖς γράμμασιν, καὶ στῆσαι ἐν ἑκάστῳ
τῶν τε πρώτων καὶ δευτέρω[ν καὶ τρίτων ἱερῶν,
πρὸς τῇ τοῦ αἰωνοβίου βασιλέως εἰκόνι].

L. 51. prêtres du dieu Épiphane, Euchariste, outre les
autres noms des dieux dont ils sont prêtres; et qu'ils
consignent [111], dans tous les arrêtés et dans les
déclarations qui seront écrites par eux, le

L. 52. sacerdoce du roi; qu'il soit permis [112] à tout particulier de célébrer la fête, d'élever l'édicule susdit,
et de l'avoir chez lui, accomplissant toutes les cérémonies prescrites dans les fêtes tant mensuelles

L. 53. qu'annuelles, afin qu'il soit connu que les Égyptiens élèvent [113] et honorent le dieu Épiphane, Euchariste, roi, comme il est légal de le faire; enfin,
que ce décret soit gravé sur une stèle de

L. 54. pierre dure, en caractères sacrés, locaux et grecs;
et placé dans chaque temple des premier, second
et troisième ordres, près de l'image du roi toujours
vivant [114].

COMMENTAIRE

CRITIQUE, HISTORIQUE

ET

ARCHÉOLOGIQUE.

LIGNE I.

(1) La place de cet adjectif, νέου, mis d'une manière absolue, est remarquable. On l'a séparé, par une longue série d'*épithètes* ou de *qualifications* honorifiques, du nom *Ptolémée*, Πτολεμαίου (fin de la lig. 3), qui en est le complément naturel. Ce nom est suivi de deux *épithètes*, αἰωνόβιος et ἠγαπημένος ὑπὸ τοῦ Φθᾶ; mais les *titres* distinctifs vraiment *royaux*, Ἐπιφανής, Εὐχάριστος, ne se trouvent que plus loin.

Si nous avions d'autres inscriptions du même genre, en l'honneur d'autres Ptolémées, nous y trouverions probablement le même protocole initial; la seule différence consisterait dans les titres *royaux*, et dans l'épithète νέου, qui est ici toute particulière à Épiphane, se rapportant, sans nul doute, à ce que ce prince, lors de la rédaction du décret, venait d'être couronné roi, quoiqu'il n'eût pas l'âge de majorité. V. plus bas, note 16.

(2) Καὶ παραλαβόντος τὴν βασιλείαν παρὰ τοῦ πατρός. Cette circonstance est plusieurs fois répétée et avec une sorte de complaisance, dans le cours de l'inscription. Ainsi à la ligne 8, après παράληψις τῆς βασιλείας, le rédacteur ajoute, d'une manière qui semble tout à fait oiseuse : ἣν παρέλαβε παρὰ τοῦ πατρός; et encore à la ligne 47.

Dans l'inscription d'Adulis, Ptolémée Évergète a bien le soin de dire de lui-même : παραλαβὼν παρὰ τοῦ πατρὸς τὴν βασιλείαν...

Salomon écrivant à Suron roi de Phénicie, et à Vaphrès, roi d'Égypte (lettres fabriquées par quelque juif helléniste, sous le nom d'Eupo-

lémus), leur dit : γίνωσκέ με παρειληφότα τὴν βασιλείαν παρὰ Δαβὶδ τοῦ πατρός (ap. Euseb. *Præp. Évang.* IX, p. 448, B).

S. Martin (*Nouv. rech sur l'ép. de la mort d'Alex.*, p. 87-89) a voulu en conclure qu'Épiphane avait été associé par son père à la couronne, et reculer de trois ans l'avénement d'Épiphane. Mais il est certain, d'après tous les exemples, que παραλαβεῖν τὴν ἀρχὴν παρά τινος, n'a pas au fond d'autre sens que διαδέχεσθαι ou ἐκδέχεσθαι τὴν ἀρχὴν παρά τινος.

Je crois que la répétition de cette formule provient de ce que la monarchie égyptienne étant héréditaire dans la ligne masculine et féminine, le roi pouvait avoir pour successeur un autre que son fils. Celui-ci devait donc tenir à honneur de mentionner qu'il succédait *immédiatement* à son père. C'est l'idée que ma traduction exprime.

(3) Κυρίου βασιλειῶν, qu'on peut traduire également par *maître des couronnes* ou *des royaumes*; car βασιλεία, à cette époque, pouvait signifier en grec, comme *couronne* en français, à la fois *couronne*, *royauté* et *royaume*. L'inscription traduite par Hermapion (ap. Amm. Marc. XVII, 4.) donne à Ramessès les épithètes de κύριος ou δεσπότης τοῦ διαδήματος, et de βασιλεὺς ou δεσπότης οἰκουμένης ou de ὁ πάσης γῆς βασιλεύων, dans lesquelles se montre toute l'emphase orientale.

Ces *couronnes* ou ces *royaumes*, au nombre de *dix* (l. 43), désignent sans doute les diverses contrées sur lesquelles s'étendait la domination des Ptolémées.

LIGNE II.

(4) Il faut joindre τὰ avec εὐσεβοῦς et non en faire le régime de καταστησαμένου. Ainsi διακεί-μενος εὐσεβῶς τὰ πρὸς τοὺς θεούς (*Marm. Oxon.* II, 6), et plus bas lig. 11, τὰ πρὸς θεοὺς εὐεργετικῶς διακείμενος; c'est-à-dire, κατὰ τὰ πρὸς θ. ἀνήκοντα εὐ. δ. Quoique l'emploi de l'article τά soit moins usité, on en trouve pourtant des exemples dans les meilleurs écrivains (Soph. *Phil.* v. 1427.)

(5) Τοῦ τὸν βίον τῶν ἀνθρώπων ἐπανορθ. D'a-près le double sens de βίος, on peut aussi en-tendre ces mots de la *réforme des mœurs des hommes*, comme Ameilhon. Mais un pareil sens semble peu conforme à l'esprit général du décret où il n'est guère question que d'améliorations matérielles. Je pense qu'ici βίος, comme en beau-coup d'autres exemples, signifie *sort, condition, la vie matérielle*. La condition de ses sujets avait *empiré*, le roi l'a rendue à un état *meilleur*, selon la nuance de réparation qu'offre toujours le verbe ἐπανορθόω (Lobeck, *ad Phryn.* p. 250, 251). Le mot *vie* pouvant avoir les deux sens en français, comme βίος en grec, je l'ai adopté dans ma traduction.

(6) Κυρίου τριαχοντετηρίδων. On n'a jamais pu expliquer ces périodes de *trente ans*, qui, quoi qu'on en ait dit, ne se retrouvent dans aucune combinaison des années solaire et lunaire. Ce sont plutôt des *périodes* que des *panégyries*: dans ce cas, on aurait mis le substantif ἑορτῶν ou πα-νηγυριῶν. C'est sans doute ce qui avait conduit M. S. de Sacy à conjecturer que ce sont des pé-riodes qui ramènent les planètes dans une cer-taine conjonction (V. Ameilhon p. 28.). Cette période est peut-être celle de la révolution de Saturne, que les anciens ont évaluée en nombre rond à 30 *ans*. (V. *De l'origine du Zodiaque grec*, p. 33); elle aurait été ce que fut la *dodécaétéride*, ou révolution de *douze ans*, celle de Jupiter, chez les Chaldéens.

Selon Champollion, le texte égyptien porte *seigneur des trente années de....* puis un signe dont le sens lui est inconnu. Quand le signe ces-sera de l'être, nous saurons peut-être à quoi nous en tenir sur ce point si obscur.

LIGNE III.

(7) Les qualifications honorifiques entre νέου et Πτολεμαίου, faisant partie sans doute du proto-cole obligé, ne se retrouvent plus nulle autre part dans le cours de l'inscription; tandis que les *épithètes* et les *titres* qu'on lit après Πτολεμαίου, se remontrent en plusieurs endroits. En effet le nom du roi reparaît cinq fois accompagné des deux épithètes αἰωνόβιος, ἠγαπημένος ὑπὸ τοῦ Φθᾶ, et des deux *titres royaux*, Ἐπιφανής, Εὐχά-ριστος: quatre fois on le trouve avec les deux dernières, et jamais avec les deux premières seu-lement: d'une autre part, les deux dernières sont toujours précédées du mot Θεός, ce qui prouve que ce sont les *titres* sous lesquels il avait été divinisé, lorsqu'il succéda à son père. Une re-marque qui ne doit pas non plus échapper, c'est que, dans l'endroit qui nous occupe, où le nom de Ptolémée paraît pour la première fois, on ne voit que les deux *épithètes* αἰωνόβιος et ἠγαπ. ὑπὸ τοῦ Φθᾶ; mais les deux *titres royaux* ne paraissent qu'un peu plus bas, après les noms des rois ses prédécesseurs, divinisés comme lui. Quant aux deux épithètes, elles sont données également à Ramessès sur l'obélisque d'Hermapion, où l'on trouve Ῥαμέστης αἰωνόβιος, Ἡλίου παῖς αἰωνόβιος, ὃν Ἥλιος φιλεῖ, ὑπὸ Ἡλίου φιλού-μενος. Les titres Ἐπιφανής, Εὐχάριστος sont les seuls caractéristiques du cinquième Ptolémée; aussi ils accompagnent son nom sur ses monu-ments et ceux de son fils. (*Recherches pour servir à l'hist. de l'Égypte*, p. 53, 54 suiv.) Si quelque-fois le titre Θεὸς Ἐπιφανής est tout seul, c'est parce qu'en effet, il est le premier, le principal des deux et le vrai titre distinctif.

(8) Si l'on mettait une virgule après μέγας βασιλεύς, le sens serait différent; mais en ce cas il aurait fallu ajouter un article devant. J'ai donc retranché cette virgule. Il en résulte que τῶν τε ἄνω καὶ τῶν κάτω χωρῶν dépend de βασιλεύς, et non pas de βασιλέως; dans ce cas, ces *régions hautes et basses* ne sont pas la *haute* et la *basse* Égypte, que l'on ne désignait que par le singulier ἥ τε ἄνω καὶ ἡ κάτω χώρα, comme on le voit par l'inscription elle-même (l. 46, 49); ce sont les régions *supérieures* et *inférieures* du monde, que le soleil domine dans son cours. L'inscription d'Hermapion nous offre encore un exemple analogue, dans le titre de μέγας δεσπό-της οὐρανοῦ, qu'elle donne trois fois au dieu soleil.

(9) Ἐδοχίμασεν: *a approuvé*, Ameilhon; *a éprouvé*, Villoison. C'est le vrai sens. Comme le feu éprouve la pureté de l'or, ainsi Héphæstos (pris dans le sens grec, v. note 18), a éprouvé la vertu de Ptolémée. Aux exemples cités par Villoi-son, on peut en joindre d'autres, tirés des Sep-tante: Διὰ τοῦτο τάδε λέγει κύριος, ἰδοὺ ἐγὼ πυρώσω αὐτοὺς καὶ δοκιμῶ αὐτούς (Jerem. IX, 7): ce pas-sage de Job s'y rapporte également: διέκρινε δέ με ὥσπερ τὸ χρυσίον (Job XXIII, 10), où διακρίνειν présente un sens analogue à δοκιμάζειν; ajoutez:

ὥσπερ δοκιμάζεται ἐν καμίνῳ ἄργυρος; καὶ χρυσὸς, οὕτως ἐκλεκταὶ καρδίαι παρὰ κυρίῳ (*Prov.* XVII, 3); et δεδοκιμασμένου ὑπὸ τηλικούτου θεοῦ (*Epist. Vaphr. ad Salom.* ap. Euseb. P. E. IX, 448, C); peut-être est-ce la même idée qui était exprimée sur l'obélis-que de Ramessès, dans la formule qu'Hermapion a traduite par ὃν Ἥλιος προέκρινεν, tandis que le mot propre eût été διέκρινεν ou ἐδοκίμασεν, comme on peut le conjecturer d'après l'inscription de Rosette, dont le protocole a tant de rapport avec celui de l'inscription de l'obélisque d'Héliopolis, qu'Ammien Marcellin a tirée d'Hermapion. Ces coïncidences et d'autres encore montrent qu'Hermapion a eu sous les yeux un texte hiéro-glyphique, qu'il a réellement traduit. Les doutes de Villoison à cet égard, et ceux d'autres criti-ques, me paraissent peu fondés.

(10) Ἔδωκεν τὴν νίκην. De même dans l'inscrip-tion d'Hermapion, le soleil dit à Ramessès : δε-δώρημαί σοι τὸ κράτος καὶ τὴν κατὰ πάντων ἐξουσίαν. Dans un papyrus de Leyde, les dieux sont invo-qués pour qu'ils donnent au roi, ὑγίειαν, νίκην, κράτος, σθένος; et dans un autre, on lit : Σάραπις διδοίη σοι μετὰ τῆς Ἴσιος νίκην, κράτος τῆς οἰκουμέ-νης ἁπάσης (infrà l. 35).

(11) La signification du titre de Ἐπιφανής, *deus praesens*, selon Visconti (*Iconogr. Grecque II*, p. 229), sera expliquée plus bas (l. 46). Quant à celui de Εὐχάριστος, que Visconti traduit par *propice*, Heyne le traduit par *munificus, liberalis* : c'est le vrai sens. Diodore a dit également : τὸ τῆς ψυχῆς εὐχάριστον καὶ μεγαλόψυχον (XVIII, 28 *ibique* Wesseling.); et, selon Champollion, ce mot est tou-jours représenté dans l'égyptien par un signe qui veut dire *celui dont la bienfaisance est connue*. Εὐχάριστος est donc une espèce de synonyme de Εὐεργέτης; mais celui-ci a plus de force et d'é-tendue, puisqu'il comprend l'autre, et emporte, en outre, l'idée d'une volonté pour le bien qui s'étend à toute espèce de bonnes actions. Peut-être l'aurait-on encore employé pour Épiphane, s'il n'avait été déjà le titre *officiel* du troisième Ptolémée, comme il le devint du sixième.

LIGNE IV-V.

(12) Cette formule se rapporte au culte des Ptolémées, honorés comme dieux, même de leur vivant. Elle se retrouve presque identi-que, dans celle des deux contrats grecs d'A-nastasy et de Casati et dans d'autres papy-rus, en caractères démotiques. Il n'y a de dif-férence que l'addition du nom des Ptolémées qui avaient régné depuis Épiphane : d'où l'on voit que chaque nouveau roi n'était point l'objet

d'un culte particulier, mais qu'il était successi-vement ajouté à ses prédécesseurs, adoré dans le même temple et par les mêmes prêtres. Les deux contrats grecs nous font connaître deux autres circonstances qui ont été négligées par les rédacteurs de l'inscription de Rosette : la première, c'est que les prêtres et prêtresses des Ptolémées et de leurs épouses résidaient à *Alexandrie*, car on lit ἐφ' ἱερέως τοῦ ὄντος ἐν Ἀλεξανδρείᾳ, κ. τ. λ., et ailleurs τῶν οὐσῶν ἐν Ἀλεξανδρείᾳ; la deuxième, c'est que, outre le culte commun à tous les Ptolémées, le chef de la dynastie, Ptolémée Soter, et sa femme, étaient spécialement adorés à Ptolémaïs de Thébaïde, ville toute grecque, comme dit Strabon, fondée par ce prince. En effet, après la mention des autres rois, on lit dans un des contrats : ἐν δὲ Πτολεμαΐδι τῆς Θηβαΐδος ἐφ' ἱερέων (ajoutez καὶ ἱερειῶν) Πτολεμαίου τοῦ μὲν Σωτῆρος, τῶν ὄντων καὶ οὐσῶν..., et dans l'autre : ἐν δὲ Πτ. τ. Θ. ἐφ' ἱερέων καὶ ἱερειῶν καὶ κανηφόρου τῶν ὄντων καὶ οὐσῶν.

Ce n'était donc que dans ces deux villes *grecques*, que le culte des Ptolémées était officiel-lement établi; ce qui nous explique pourquoi les prêtres et prêtresses sont tous *Grecs*, issus de *Grecs*.

Dans les deux contrats grecs, ces noms ne sont pas mentionnés. Mais ils le sont toujours dans les textes démotiques. Cela vient de ce que le texte égyptien des contrats était le texte *original*, et le grec, seulement une *traduction*, qu'on devait joindre à l'autre, l'égyp-tien tout seul pouvant être mal compris des Grecs qui rendaient la justice. Aussi tout contrat en égyptien, αἰγυπτία συγγραφή, avait son ἀντίγραφον, sa traduction grecque, διηρμηνευμένη ἑλληνιστί (Peyron, *ad Pap. gr.* p. 114). Il suffisait donc que les noms des prêtres et prêtresses fussent consi-gnés dans le texte égyptien; dans le grec, on se contentait de mettre τῶν ὄντων et τῶν οὐσῶν, ce qui répond à notre *tels* et *telles*; ou bien on enve-loppait cette partie du protocole sous la dé-signation vague : μετὰ τὰ κοινά; c'est-à-dire : « après la formule ordinaire. »

LIGNE V-VI.

(13) Ἀθλοφόρου, κανηφόρου, ἱερείας. Les ti-tres et l'ordre de ces trois prêtresses sont les mêmes dans les papyrus tant grecs que dé-motiques, à savoir une *athlophore*, pour Béré-nice Évergète; une *canéphore*, pour Arsinoé Philadelphe; et une *prêtresse* (ἱέρεια), pour Ar-sinoë Philopator, ou Eupator; car c'est ainsi que

l'un des deux contrats grecs nomme cette princesse. Il est fort difficile de dire en quel sens, au juste, sont pris les mots *athlophore*, qui signifie à la lettre *porteuse de prix*; et *canéphore*, qui veut dire *porteuse de corbeille sacrée*. Ameilhon (pag. 37), Visconti (*Icon. gr.* III, p. 223) et M. Drumann (pag. 85, 86), ne donnent à cet égard que des conjectures; mais il n'est guère possible, encore maintenant, de donner autre chose.

Je présenterai à ce sujet quelques observations nouvelles :

1° L'ordre adopté pour les noms des trois reines n'est point chronologique, puisque évidemment *Arsinoë Philadelphe* aurait dû être placée avant *Bérénice Evergete*, et non pas entre celle-ci et *Arsinoë Philopator*. Cette interversion étant commune aux autres rédactions de ces protocoles (V. *Memoir of the life of Thom. Young*, p. 12) n'est pas une erreur des scribes; elle a une cause réelle qui peut-être ressortira de cette seconde observation :

2° En réunissant tous les exemples de pareilles formules rassemblées tant par M. Kosegarten que par le docteur Young, d'après les communications officieuses de Champollion, j'ai formé le tableau suivant du sacerdoce des reines d'Égypte, sous les règnes d'Évergète, de Philopator et d'Épiphane :

ROIS.	PRÊTRES D'ALEXANDRE et des Ptolémés.	ATHLOPHORES de Bérénice Evergète.	CANÉPHORES d'Arsinoë Philadelphe.	PRÊTRESSES d'Arsinoë Philopator.	ANNÉES des règnes.	MOIS	DATES Juliennes.	SOURCES.
Évergète.	Alexicrate (?) fils de Diogène.	Néant	Bérénice fille de Cléonicus.	Néant	XXII	Épiphi.	Août 226.	Pap. démot.
Philopator.	Démétrius fils d'Apelle.	Néant	Nom manque	Néant	III	Tybi 7.	février 220.	id.
	Aëtès fils d'Aëtès.	Néant	Philésia fille de Demétrius	Néant	VII	Épiphi.	Août 216.	id.
Épiphane.	Démétrius fils de Sithaltès (?).	Aria fille de Diogène.	Nisæa fille d'Apelle.	Irène fille de Ptolémée.	VIII	Pharmuthi.	Mai 197.	id.
	Aëtès fils d'Aëtès.	Pyrrha fille de Philinus.	Aria fille de Diogène.	Irène fille de Ptolémée.	IX	Méchir 18.	Mars 196.	Inscr. Ros.
	Ptolémée fils de Ptolémée, fils de Chrysarmos (?), ou Horhermès.	Tryphæna fille de Ménapion.	Démétria fille de Philinus.	Irène fille de Ptolémée	XXI	Paophi 9.	Nov. 185.	Pap. démot.

Il ressort de la seule inspection de ce tableau plusieurs particularités curieuses.

a) Tous ces noms sont grecs; les deux ou trois qui peuvent avoir été mal lus, par suite de l'extrême difficulté résultant de l'absence des voyelles, conservent encore une physionomie grecque : *Chrysarmos* (qu'on avait aussi lu *Horoshermès* ou *Horhermès* sera difficilement un nom grec; ce peut être *Chrysormos* (au collier d'or) ou tout autre nom commençant par *Chrys*. Le nom *Sithaltès* doit être *Sitalcès*, nom *thrace* d'un roi des Odryses; ce qui ne surprendrait pas dans une population mélangée comme celle d'Alexandrie, où les Macédoniens et les Thraces leurs voisins, devaient abonder, quand même on ne trouverait pas, dans un papyrus du musée du Louvre, le nom d'un Ptolémée fils d'*Amadocus le Thrace* (τοῦ Ἀμαδόχου Θραχός), autre nom royal des Odryses, connu par l'histoire et par les médailles. Quant à *Ménapion*, c'est un nom double, comme *Hermapion*, dans lequel entrent le nom de la lune (μήνη) et le dérivé d'Apis.

b) M. Champollion Figeac a déjà reconnu que les fonctions de la plupart de ces prêtres et prêtresses étaient *annuelles* (*Not. de deux pap. égypt.* p. 13 et 14). Le fait résulte complétement de notre tableau : 1° *Aëtès* fils d'*Aëtès*, prêtre en l'an VII de Philopator, avait cessé de l'être en l'an VIII d'Épiphane, mais il le devint de nouveau l'année suivante, δὶς ἱερεύς, expression d'une inscription de Gartas en Nubie (*Rech. pour servir à l'hist. d'Égypte*, p. 214, 489). 2° Les *athlophores* et les *canéphores* des deux années consécutives VIII et IX d'Épiphane sont différentes à une année de distance. 3° Mais un indice plus frappant ressort de cette circonstance qu'*Aria fille de Diogène, *athlophore* l'an VIII d'Épiphane, était *Ca-néphore* l'année d'après. Ce qui prouve à la fois que ces fonctions ne duraient pas plus d'un an, et que la même personne pouvait passer de l'une à l'autre dans deux années consécutives; d'où il suit que l'*athlophore* était au moins sur un pied d'égalité avec la *canéphore*; et que, si l'*athlophore* est nommée la première dans les actes, cela doit tenir à une autre cause qu'à un rang plus élevé dans la hiérarchie.

Le même savant a conjecturé que la *prêtrise* (ἱερατεία) d'Arsinoë Philopator était *perpétuelle*; ce serait une anomalie difficile à expliquer au milieu de ces prêtrises annuelles. Il est bien vrai que la prêtresse mentionnée dans les actes démotiques des années VIII, IX et XXI d'Épiphane est la même, à savoir, Irène, fille de Ptolémée; mais, comme l'acte de l'an VIII est du mois de *Pharmuthi* c'est-à-dire, antérieur seulement de 10 *mois*, à la date de l'inscription de Rosette, l'année sacerdotale de cette prêtresse pouvait n'être pas révolue.

Quand ensuite nous retrouvons la même Irène fille de Ptolémée, *prêtresse* en l'an XXI d'Épiphane, *douze ans* après son couronnement, la seule chose que nous puissions en conclure, c'est qu'elle avait été renommée; elle était alors δὶς ou τρὶς ἱέρεια.

Ce sacerdoce *annuel* constituait une sorte d'*éponymie*, tout à fait conforme à l'ancien usage grec des éponymies sacerdotales. Ceci explique pourquoi les Ptolémées étaient si soigneux de l'insérer dans leurs actes publics, quoique cette insertion fût désormais rendue inutile par l'indication de l'année du règne, selon l'usage égyptien. C'était un souvenir de la mère patrie, à côté des formes du nouveau régime.

c) Les *canéphores* d'Arsinoë Philadelphe se retrouvent dans tous les actes, à partir d'Évergète qui, en effet, ne pouvait manquer, dès son avènement, de rendre cet hommage à sa mère. Quant à l'*athlophorie* de Bérénice Évergète, et à la *canéphorie* d'Arsinoë Philopator, les actes des années III et VII de Philopator n'en font pas encore mention. Ce silence s'explique par ce qu'on sait de ce prince qui, peu de temps après son avènement au trône, fit mourir son frère Magas et sa mère Bérénice, et plus tard sa femme Arsinoë. (Polyb. V, 36, 1.) Après de tels attentats, il ne devait pas être fort empressé de rendre les honneurs divins à l'une et à l'autre de ses victimes; ce fut leur fils et petit-fils Épiphane qui établit en même temps l'athlophorie de son aïeule et la prêtrise de sa mère, réparant aussi la double cruauté de son père. Mais pour honorer spé-cialement son aïeule, il ordonna que son sacerdoce serait placé, dans les actes, avant même celui d'Arsinoë Philadelphe. Voilà, je pense, pourquoi cette *athlophorie* ne se montre que sous le règne d'Épiphane, et pourquoi l'ordre chronologique se trouve interverti.

2° Bérénice, fille de Soter, n'est pas au nombre des reines qui ont une prêtresse *athlophore* ou *canéphore*. Les deux contrats grecs nous expliquent cette singularité, en nous apprenant que le culte particulier de Bérénice Soter existait à Ptolémaïs; et l'un d'eux nous montre même que cette princesse y avait des *prêtresses* et une *canéphore*. Pourquoi notre décret ne parle-t-il pas de ce culte particulier de Soter et de Bérénice à Ptolémaïs? On l'ignore.

(14) Dans ce protocole, le roi régnant est au nombre des rois divinisés. Il est donc certain qu'aussitôt qu'un de ces rois succédait à son père, qu'il fût majeur ou mineur, il était mis au rang des dieux, et venait grossir le nombre de ceux dont le culte se célébrait à Alexandrie. C'est ainsi que le jeune fils de Ptolémée Philométor, dit *Eupator*, fut mis au rang des dieux, quoiqu'il n'eût régné que deux ou trois mois sous la tutelle de sa mère. (Champ. Fig. Éclairc. sur le Contr. de Ptol. p. 25, 26).

LIGNE VI

(15) ΞΑΝΔΙΚΟΥ. La prononciation du Δ et celle du Θ était si voisine l'une de l'autre que l'on confondait souvent ces deux lettres : ainsi ΕΥΕΡΓΕΤΗΔΕΙΣ pour ΕΥΕΡΓΕΤΗΘΕΙΣ dans une inscription copiée par Burchardt en Nubie; ΕΥΔΗΝΙΑ pour ΕΥΘΗΝΙΑ sur une médaille d'Agrippine, frappée à Alexandrie (Zoega , *Num. Ægypt.*, p. 21, n° 8; Mionnet, VI, p. 62, n° 152). Les papyrus grecs donnent constamment la même orthographe, Ξανδικοῦ, qui paraît avoir été la seule usitée en Égypte; on la trouve aussi dans les inscriptions de Palmyre, et jusque sur les médailles des Arsacides.

La date du 18 Méchir de l'an IX d'Épiphane répond au 27 mars 196 avant notre ère; ce jour était le 4 du mois Macédonien Xandique; ce mois avait donc commencé le 24 mars. Or, cette année, la pleine lune est tombée le 29 mars ou le 6 Xandique; le 1er de ce mois se trouvait donc environ alors le neuvième jour de la lune : d'où il suivrait que le calendrier auquel il appartenait n'était pas lunaire, à moins que ce mois ne fût embolimique cette année ; en ce cas, le calendrier macédonien aurait eu dans l'année intercalaire un *second* Xandique, comme les Athéniens avaient un *second* Posidéon ; or, ce qui rend cette conjecture vraisemblable et digne de recherches ultérieures, c'est que *Xandique* était, comme *Posidéon*, le sixième mois de l'année.

Il est singulier que, dans ce décret, rédigé par l'ordre des prêtres égyptiens, le mois *macédonien* soit le premier, le mois égyptien le second ; mais plus encore que celui-ci porte seul une désignation, Αἰγυπτίων. Il appartenait seulement à des Grecs de s'exprimer ainsi ; car il semble que des Égyptiens devaient mettre en premier le mois dont ils avaient l'usage, et n'ajouter de désignation qu'au mois *étranger :* ils devaient dire : μηνὸς Μεχεὶρ ὀκτωκαιδεκάτῃ, Ἑλλήνων δὲ Ξανδικοῦ τετράδι. Dans les autres exemples, qui me sont connus, de pareilles concordances, le mois *grec* est aussi le premier ; il est vrai que ce sont des Grecs qui parlent ; l'un d'eux même est un Ptolémée.

Dans tous les exemples de doubles ou triples dates que nous offrent les inscriptions rédigées en Grèce, le mois qui est énoncé le premier, est toujours celui dont fait usage la nation à laquelle appartient celui qui parle (Cf. Franz, *Elementa epigr. græcæ*, p. 325). Il suffira de rappeler cet exemple tiré de la lettre de Philippe aux Athéniens (ap. Demosth. *de Cor.* p. 280) : Τοῦ ἐνεστῶτος μηνὸς Λώου, ὡς ἡμεῖς ἄγομεν, ὡς δὲ Ἀθηναῖοι, Βοηδρομιῶνος.

Il me semble que l'expression de cette double date est déjà un indice assez clair en faveur de l'idée que la rédaction grecque a précédé les autres.

Au reste, j'observe que ces doubles dates sont très-rares ; la plupart des pièces connues, même écrites par des Grecs, sont datées d'après le calendrier égyptien ; quant à celles qui porteraient *uniquement* la date macédonienne, jusqu'ici je n'en connais pas une seule.

Il est donc certain que, de très-bonne heure, les Grecs laissèrent prédominer le calendrier égyptien, vraisemblablement à cause de sa simplicité et de sa régularité parfaite.

Un second indice de la priorité de la rédaction grecque résulte de la marche observée dans ce long protocole. L'enchevêtrement des parenthèses et l'accumulation des épithètes, évidemment tirées de l'usage égyptien, ne doivent pas empêcher de reconnaître ici une grande régularité. Deux tournures sont employées par les Grecs dans les formules de ce genre ; ou bien ils commencent par la date, mais alors le nom du roi, mis au génitif, est le complément direct du mot ἔτους, comme ἔτους (ou L) Βασιλέως Πτολεμ. κ. τ. λ.; ou bien, ils emploient le participe βασιλεύοντος ou βασιλευόντων ; et, dans ce cas, le participe est en tête et la date à la fin, après tous les titres du roi.

C'est cette seconde tournure qui se rencontre dans tous les protocoles *grecs* connus des Ptolémées. Par exemple, un des contrats cités porte βασιλευόντων..... καὶ..... ἔτους ΙΒ, ἐφ' ἱερέως ..... μηνὸς Τυϐὶ ΚΘ; l'autre contrat, ainsi que la stèle de Turin, et un protocole dans un papyrus de Leyde, offrent le même ordre, à savoir, 1° le participe, 2° les noms, 3° tous les titres et épithètes, 4° la date de l'année, 5° l'énoncé du sacerdoce, 6° en dernier lieu, le nom du mois et son quantième. C'est exactement ce que nous trouvons dans notre décret, en dégageant les parenthèses : Βασιλεύοντος τοῦ νέου..... Πτολεμαίου..... ἔτους Θ, ἐφ' ἱερέως..... μηνὸς Ξανδικοῦ Δ.... La tournure est parfaitement régulière et analogue à toutes les autres.

Cet ordre, tout grec, n'est pas celui de l'égyptien. Le texte démotique commence par la date. Il en est de même de tous les exemples démotiques au nombre d'une trentaine (de Psammitichus à Cléopâtre) cités par le docteur Young, d'après Champollion (*Memoir of the life of Th. Young*, p. 6-38). C'était donc là, à n'en pas douter, la tournure égyptienne, qui devait avoir été suivie dans le texte hiéroglyphique.

Ainsi, quel que soit celui des deux textes de notre inscription, le grec ou l'égyptien, qui ait été rédigé le premier, chacun des deux rédacteurs a suivi l'ordre qui était usité dans la langue dont il se servait. Il n'y a donc rien à conclure de cette circonstance, pour la question de priorité.

Tout ce qu'on peut affirmer, c'est que la forme générale est entièrement grecque ; il n'y a d'égyptien que certains détails, tels que les épithètes et les titres officiels, calqués sur le protocole des actes de l'époque pharaonique, selon l'usage constant de la chancellerie grecque en Égypte.

(16). Il faut détacher le mot ψήφισμα qui ne tient à rien dans la phrase. Dans aucun cas, ψήφισμα ne pourrait être le complément de εἶπαν, verbe qui n'a jamais de régime, en de semblables formules, et d'où dépend la conjonction ἐπειδή, qui suit.

C'est ici qu'il convient d'établir par une courte discussion la place réelle des faits de l'histoire d'Épiphane, que l'inscription sert à éclaircir.

L'époque de la majorité des Ptolémées a été fixée par les chronologistes modernes à l'âge de quatorze ans (Visconti, *Iconogr. gr.* I, p. 229, n. 2); mais seulement d'après des considérations vraisemblables; car aucun texte ne l'établit d'une manière précise. Polybe, sur lequel on s'appuie, dit seulement, en parlant de Ptolémée Philométor, que la cérémonie appelée ἀνακλητήρια, qui est celle du couronnement, avait lieu lorsque les princes étaient parvenus à *l'âge,* ὅταν εἰς ἡλικίαν ἔλθωσιν (XXVIII, 10, 8); et ailleurs, à propos d'Épiphane (XVIII, 38, 3), il dit que ses tuteurs hâtèrent son couronnement par des motifs politiques, car *l'âge ne pressait pas encore* (οὐδέπω μὲν τῆς ἡλικίας κατεπειγομένης); tout ce qu'il en faut conclure, c'est qu'Épiphane n'avait pas alors atteint sa majorité; ce que confirme l'épithète νέος qui lui est donnée ici.

Mais quel était l'âge précis d'Épiphane à cette époque? Cette question n'est pas sans importance chronologique. Je crois qu'il était d'un an plus jeune que ne l'a pensé l'auteur des Annales des Lagides (II, p. 84), qui lui donne treize ans cinq mois et demi; et de deux ans plus âgé que ne le pensait S. Martin, qui lui attribue dix ans et demi (*Nouv. Rech.* etc., p. 90).

Les généthlies (l'anniversaire de la naissance) d'Épiphane se célébraient le 30 Mésori (l. 46) : il était donc né ce jour-là, qui, dans cet intervalle de temps, répondit du 8 au 5 octobre.

D'une autre part, le jour de son couronnement, le 17 Méchir, était celui où il avait succédé à son père (l. 47) : ἐν ᾗ παρέλαβεν τὴν βασιλείαν παρὰ τοῦ πατρός. C'était donc à la fois le jour de la mort de son père et le premier jour de son règne.

De plus, selon saint Jérôme, Épiphane avait quatre ans à la mort de son père (*in Daniel.* p. 1124); et selon Justin, il en avait cinq (XXX, 2, 4), *relicto quinquenni ex Eurydice* (Arsinoë) *sorore filio.* De la combinaison de ces deux passages, il résulte qu'Épiphane avait *quatre* ans révolus, et était dans sa *cinquième* année.

Enfin, c'est un fait établi que les règnes des Ptolémées (comme plus tard ceux des empereurs romains en Égypte) se comptaient de manière que tous les jours, quelque petit qu'en fût le nombre, qui restaient, dans l'année de leur avènement, pour atteindre le premier Thoth suivant, comptaient comme la première année de leur règne. (cf. Peyron, *ad Pap. Taurin.*, p. 142.)

C'est sur ces principes qu'est fondée la table suivante.

DATES égyptiennes.	DATES juliennes.	ANNÉES avant notre ère.	ANNÉES révolues de son âge.	ANNÉES commencées de son règne.	Faits historiques cités ou indiqués dans l'inscription.
30 Mésori.	8 octobre.	209	.....	....	Naissance d'Épiphane.
Idem.	Idem.	208	1		
Idem.	Idem.	207	2		
Idem.	Idem.	206	3		Troubles de la haute Égypte.
Idem.	Idem.	205	4	.....	Mort de Philopator.
17 Méchir.	27 mars.	204	......	1	Avénement d'Épiphane.
30 Mésori.	7 octobre.	204	5	....	Troubles de la haute Égypte apaisés.
1 Thoth.	13 octobre.	204	......	2	
30 Mésori.	7 idem.	203	6		
1 Thoth.	13 idem.	203	......	3	
30 Mésori	7 idem.	202	7		
1 Thoth.	12 idem.	202	......	4	
30 Mésori.	6 idem.	201	8		
1 Thoth.	12 idem.	201	......	5	
30 Mésori.	6 idem.	200	9	.....	Guerre d'Antiochus ; envoi de forces de terre et de mer au dehors.
1 Thoth.	12 idem.	200	......	6	Révolte dans la basse Égypte.
30 Mésori.	6 idem.	199	10		
1 Thoth.	12 idem.	199	......	7	
30 Mésori.	6 idem.	198	11		
1 Thoth.	12 idem.	198	......	8	Siége de Lycopolis.
	août.	....	......	....	Grande inondation du Nil.
30 Mésori.	6 octobre.	197	12		
1 Thoth.	12 idem.	197	......	9	
					Punition définitive des chefs des révoltés sous Philopator.
17 Méchir.	26 mars.	196	......	....	Couronnement à Memphis.
18 —	27 idem.	....	......	....	Date du décret.

On y voit qu'Épiphane avait environ quatre ans et demi à la mort de son père; environ douze ans et demi, à l'époque de son couronnement; et qu'il était alors dans le sixième mois de la neuvième année de son règne, comptée à l'égyptienne.

(17) Dans cette énumération des prêtres égyptiens, les principales classes seules sont indiquées nominativement : les autres sont désignées par les mots : *et tous les autres prêtres*. On ne peut donc douter que ces classes ne soient ici rangées dans l'ordre de leur importance. Les ἀρχιερεῖς devaient être les chefs des collèges, aussi les met-on en tête de tous les autres. Les προφῆται étaient les interprètes des livres sacrés et ceux qui transmettaient les oracles (Schmidt, *de Sacerdot. Ægypt.*, p. 106-128). La forme πτεροφόραι pour πτεροφόροι est tout à fait insolite, sans être pourtant inconnue, au moins comme forme poétique (ex. Βακτροφόρας : cf. Lobeck, dans les *Analecten* de Wolf, III, 56), ce qui me détermine à la conserver; quoiqu'elle ne soit peut-être qu'une faute. Quant à la signification du mot, elle est incertaine : elle doit s'entendre de prêtres portant une ou plusieurs plumes sur la tête. Mais Diodore (1, 87) et Clément d'Alexandrie (*Strom.* VI, 4, 63, p. 757 Pott.) donnent aussi cet attribut (ἔχων πτερὰ ἐπὶ τῆς κεφαλῆς) aux hiérogrammates. M. Drumann (p. 121) observe que πτερόν, qui est donné par Hésychius comme un synonyme de σκηνή, et de καλύβη, pourrait bien avoir désigné aussi le παστάς ou παστός, chapelle (ναΐδιον), portée par certains prêtres; dans ce cas, les prêtres qu'on appelle ici πτεροφόροι, seraient les mêmes que les παστοφόροι, dont le nom manque. Mais, comme ces *pastophores* peuvent fort bien avoir été compris dans la désignation générale, *et tous les autres prêtres*, le fait demeure incertain, de même que la signification du mot.

Cette expression, *tous les autres prêtres*, οἱ ἄλλοι ἱερεῖς πάντες, comprend donc les *pastophores*, les *comastes*, les *sphragistes*, les *néocores* et *zacores*, en un mot, toutes les classes inférieures au-dessous des hiérogrammates, la dernière qui soit ici nommée. Par οἱ ἄλλοι ἱερεῖς πάντες, il faut entendre, non pas *tous les prêtres de l'Égypte*, mais simplement toutes les *classes* de prêtres, non comprises dans les précédentes. Car on ne saurait admettre que, lors du couronnement d'un roi, *tous les prêtres* de l'Égypte se rendissent à Memphis, abandonnant ainsi leurs temples. On ne peut donc désigner ici autre chose que des *députations* de toutes les classes de prêtres (V. plus bas, Note 33).

Les prêtres qui avaient le droit d'entrer dans l'*adytum*, pour l'habillement (στολισμός) des dieux, sont ceux que Plutarque et Porphyre appellent ἱεροστόλοι, ἱεροστολισταί ou στολισταί (V. Schmidt, *de Sacerd.*, p. 128 sq., Drumann, p. 105-107 et mes *Matériaux pour servir à l'hist. du Christ.*, p. 68).

Le sens du mot ἄδυτον est trop bien connu, en général, pour qu'il soit nécessaire d'y insister. La seule remarque à faire, c'est qu'il résulte de ce passage que l'*adytum* des temples, la pièce la plus reculée (τὸ ἀπόκρυφον μέρος τοῦ ἱεροῦ, comme dit Hésychius), était celle où l'on plaçait la statue des dieux. Nous voyons, en effet, dans plusieurs édifices, notamment au temple souterrain de Khalabsché en Nubie (Gau, *Antiquités de la Nubie*, pl. 52), au fond de la dernière pièce, s'élever la statue du dieu, assise et posée sur un piédestal.

LIGNE VIII.

(18) Il est singulier que le temple où venaient se réunir tous les prêtres de l'Égypte, ne soit pas désigné ici et plus bas (l. 44), autrement que d'une manière absolue, ἐν τῷ ἐν Μέμφει ἱερῷ, comme qui dirait, dans *le temple par excellence*. On a toujours pensé, avec une grande apparence de raison, que c'était le *temple de Phthas* d'après l'épithète du roi, *chéri de Phthas* : mais alors, il était d'autant plus nécessaire de le désigner clairement, qu'à cette époque, le *temple* par excellence, à Memphis, devait être le *Sérapiéum*. Moins de quarante ans après, sous Philométor, nous voyons ce *Sérapiéum*, désigné dans les papyrus par les mots analogues τὸ πρὸς (ou ἐν) Μέμφει ἱερόν ou μέγα Σαραπιεῖον. C'était un vaste ensemble qui contenait, outre le *Sérapiéum* proprement dit, l'*Apiéum* (Ἀπιεῖον), où Apis était adoré, l'*Astartiéum* (Ἀσταρτιεῖον), dédié à la déesse phénicienne Astarté; l'*Anubiéum* (Ἀνουβιεῖον), l'*Aphrodisiéum*, ou temple de Vénus, etc., ayant chacun leurs prêtres et leur culte particulier, mais soumis tous à une administration générale dans la main du gouvernement.

D'une autre part, le temple d'Apis ou Ἀπιεῖον fut construit, par Amasis, dans l'enceinte du temple d'*Héphæstos* ou de *Phthas* (Herod. II, 153); et comme le *Sérapiéum* contenait l'*Apiéum*, au temps des Ptolémées, la conséquence serait que le temple de Phthas s'y trouvait aussi renfermé.

Il semblerait donc que ce temple, par excellence, doit être le *Sérapiéum* qui formait une espèce de *Panthéon* des dieux égyptiens et étrangers.

Mais alors pourquoi le grand *Sérapis*, dont le culte avait acquis à cette époque tant de developpement, n'est-il pas nommé une seule fois dans toute l'inscription ? Pourquoi n'y trouve-t-on qu'*Osiris* et *Phthas*, *Hermès*, *Horus*, *Apis* et *Mnévis* ; tandis que, dans les nombreux papyrus memphitiques, du temps de Philométor, les quatre premières divinités disparaissent entièrement pour faire place à *Sérapis*, *Anubis*, *Astarté*, *Aphrodite* (*Athor*) ? Il y a là matière à des recherches ultérieures.

Autre singularité: tous les textes s'accordent à établir que Ἥφαιστος est le même que Φθάς, ou du moins que les deux mots ont toujours été censés se rapporter à la même divinité; en ce sens que toutes les fois que les Grecs voulaient rendre en grec le nom égyptien Φθάς, ils employaient le nom Ἥφαιστος (cf. Jablonsky, *Panth. Ægypt.* I, p. 46, sq.); car, au fond, il n'y avait rien de commun entre *Vulcain* et *Phthas* ; ce n'était là qu'une similitude de nom, comme entre *Neitha* ou *Neith* et *Athéné* (dans l'ordre inverse *Netha*), entre *Apis* ou *Apévé* et *Epaphus* (Herod. II, 153) etc. dont ils identifiaient aussi les noms. Mais on nomme à la fois *Héphæstos* et *Phthas* (lig.3), ὃν ἐδοκίμασεν Ἥφαιστος et ἠγαπημένος ὑπὸ τοῦ Φθᾶ ; ce qui suppose que ce sont deux divinités différentes (S. de Sacy, *Lettre au citoyen Chaptal* p. 23, 24). La contradiction n'est peut-être qu'apparente. C'est dans un *seul* endroit du préambule (l. 2 et 3) que se trouvent les *trois* noms grecs de divinités, à savoir Ἥφαιστος, Ἥλιος et Ζεύς. Partout ailleurs, on ne voit que des noms égyptiens, sauf *Hermès* qui était reconnu pour identique avec *Thoth*; et c'est aussi dans cet endroit, que se montre surtout le mélange d'hellénisme et d'égyptianisme. *Héphæstos* est bien ici le dieu grec, le dieu du feu; tout différent du Pthas égyptien qui n'a nul rapport avec le feu. On parle ensuite de *Zeus* et non pas d'*Ammon*, (quoique *Ammon* soit dans le texte égyptien), de *Zeus*, le dieu grec dont les Ptolémées se flattaient de descendre, du côté des hommes par Hercule fils de Zeus, du côté des femmes par Dionysus fils du même dieu (v. *Inscr. Adulit.* ap. Chish. p. 79); on parle enfin du *Soleil*, Ἥλιος, et non de *Phré*. Ainsi, pour *Héphæstos*, comme pour *Zeus* et *Hélios*, les noms grecs se montrent seuls, et disparaissent ensuite. La religion grecque paraît donc au moins cette fois dans l'inscription, et c'est à l'endroit même où les formules du protocole annoncent les souvenirs de l'ancienne patrie.

Ce couronnement des rois, et les grandes solen-nités célébrées dans cette occasion, avaient lieu à Memphis, en vertu d'un *antique usage*, comme le dit le scholiaste de Germanicus... *in templo Ægypti Memphis mos fuit solio regio decorari reges qui regnabant* p. 71, ed. Buhle), où nous voyons l'expression absolue *in templo Memphis*, comme dans l'inscription ἐν τῷ ἐν Μέμφει ἱερῷ. S. Jérôme se sert d'une expression analogue, quand il dit d'Antiochus IV, *ascendit in Memphim et ibi ex more Ægypti regnum accipiens* etc. (*in Daniel.* p. 1128, ed. Paris.); Diodore de Sicile dit aussi d'Évergète II, Πτολεμαίου κατὰ τὴν Μέμφιν ἐνθρονιζομένου...... κατὰ τοὺς Αἰγυπτίων νόμους (*Fragm. lib.* XXXIII, p. 83, T. X Bip.). Cet antique usage tenait à ce que Memphis, depuis des siècles, était restée un des principaux centres religieux de l'Égypte. Aussi, Alexandre ne manqua pas de se rendre dans cette ville; et d'y sacrifier à tous les dieux qu'on y adorait, ainsi qu'à Apis (Arrian., III, 2, 5). On ne peut douter que ce prince, par l'effet d'une sage politique, n'ait voulu rendre cet hommage au culte alors le plus vénéré de l'Égypte, et que ses successeurs, en conservant à Memphis l'honneur du couronnement des rois, n'aient eu l'intention de suivre son exemple. On trouvera dans mon ouvrage inédit sur le calendrier égyptien une preuve évidente de l'importance religieuse que, dès les plus anciens temps, Memphis avait acquise, et qu'elle conserva jusque sous la domination romaine.

LIGNE IX.

(19) Ἐπειδή, formule ordinaire du *considérant*, comme ἐπεί, dans tous les décrets grecs, est placé de même, après le protocole de la date, et après εἶπεν ou εἶπαν. Ce sont encore les formes grecques toutes pures.

Il faut remarquer que tous les motifs du considérant, qui s'étendent jusqu'à ἀγαθῇ τύχῃ, ἔδοξεν (l. 35), dépendent de ὑπάρχων θεὸς ἐκ θεοῦ καὶ θεᾶς κ. τ. λ.; c'est en qualité « de dieu, fils de dieu et déesse, etc., » que le roi a fait tout ce qui lui mérite les honneurs qu'on lui a conférés par le décret. Voilà ce que j'ai indiqué dans ma traduction, en ne répétant plus le *que* après l'avoir mis devant ὑπάρχων, « qu'étant dieu.... il a consacré... il a supprimé, etc.:» et ainsi jusqu'à *il a plu*, ἔδοξεν. Cette partie de la formule est encore parfaitement grecque.

LIGNE X.

(20) Ὁ ἐπαμύνας τῷ πατρί. Le sens du verbe ἐπαμύνειν τινί, est constamment celui de *porter*

secours, *venir en aide à quelqu'un*, *venir à sa défense*. Mais le *secours* dont il s'agit ici et plus bas (l. 27), étant postérieur à la mort du père d'Épiphane, le mot ἐπαμύνειν, a le sens de *venger les injures faites à Philopator pendant sa vie*, de *venger sa mémoire*. C'est une nuance nouvelle de ce verbe; mais c'est là évidemment l'idée que les prêtres ont voulu exprimer.

LIGNE XI.

(21) Je donne à l'adjectif σιτικός, opposé à ἀργυρικός, un sens plus large que celui de (revenus) *en blé*. Σῖτος et σιτίον se disent, en général, de *vivres*, quand ils sont opposés à un autre mot indiquant des objets qui ne peuvent servir à la nourriture; par exemple, σῖτος καὶ εὐνή, *le vivre et le couvert*, et σῖτα καὶ νέας παρέχειν (Herodot. VII, 21). Plus bas, lig. 15, συντάξεις σιτικαὶ καὶ ἀργυρικαί, sont des contributions *en nature* et *en argent*; comme lig. 21, δαπάναι ἀργυρικαὶ καὶ σιτικαί; lig. 29, σῖτος καὶ ἀργύριον; dans l'édit de Tibère Alexandre (l. 47): τελέσματα σιτικὰ καὶ ἀργυρικά.

Ces πρόσοδοι sont appelés à la ligne 15, συντάξεις, mot qui s'entend proprement des *contributions* recueillies pour les affecter à un emploi déterminé. Ces *revenus*, ces *contributions* ne provenaient peut-être pas directement du *trésor royal*; elles devaient résulter plutôt d'un *impôt particulier*, espèce de *centimes additionnels*, colligés (συντατόμενα) par un mode spécial de perception. Cette idée me semble, en effet, comprise dans le mot συντάξεις, d'après les exemples cités par Villoison, et d'autres qu'on y pourrait ajouter.

Ce passage s'explique très-bien, au moyen des papyrus relatifs au *Sérapiéum* de Memphis, où l'on voit que les Ptolémées rétribuaient tant en *argent*, qu'en *blé*, *orge*, *olyra*, *huile*, etc., certains prêtres ou fonctionnaires sacrés, à divers titres, employés dans les différentes parties de ce grand ensemble qui formait le *Sérapiéum*. Ces espèces de *pensions*, en *argent*, comme en *nature*, étaient fixées à tant par *an*, κατ' ἐνιαυτόν. Mon commentaire sur ces curieux papyrus explique cela fort en détail. Ce que j'en dis ici peut suffire.

(22) En traduisant εὐδία par *sérénité*, j'ai voulu conserver la couleur poétique de l'expression εἰς εὐδίαν ἀγαγεῖν. Autant l'emploi de εὐδία est ordinaire au propre, comme l'opposé de χειμών (Platon. *Legg.* XII, 961, E, ἔν γε χει-μῶσι καὶ ἐν εὐδίαις), autant il est rare au figuré, du moins en prose. Dans Pindare, ἐν εὐδίᾳ τιθεὶς

(*Fragm.* 228, Bœckh) revient justement à notre εἰς εὐδίαν ἀγαγών. La même figure se montre encore, non sans une certaine affectation, dans la stèle de Turin : [αὐτοὺς ἀπὸ τῶν ἀντι]πάλων χειμώνων εἰς εὐδίνους λιμένας ἤγαγεν.

(23) Tout ce que Ptolémée a fait pour les *temples* est exposé plus bas (l. 33-34). Les mots τὰ ἱερά désignent donc ici, non les *temples*, mais les *choses sacrées*, le *culte* qu'on y célébrait. Villoison ne laisse aucun doute sur ce point; dans l'autre sens, on n'aurait pas employé καθιστάναι (3ᵉ *Lettre*, p. 6).

LIGNE XII.

(24) Φιλανθρωπεῖν est pris au sens neutre, pour φιλανθρώπως ἔχειν. Dans Polybe et les Septante, il est actif; ainsi φιλανθρωπεῖν τὸν τόπον, *locum humaniter tractare* (2 *Maccab.* 13, 22. *Polyb. Lex. hac voce*), et sur le sens de τὰ φιλάνθρωπα, v. la note ingénieuse et érudite de M. Peyron (*ad Pap. Taurin.* 1, p. 167).

Les mots ταῖς ἑαυτοῦ δυνάμεσιν πάσαις signifient à la lettre : *de toutes ses forces*. Selon Champollion, l'égyptien dit : *qui sont dans toute son attribution royale*, c'est-à-dire, *dans tout son royaume*. Mais je doute que le grec soit susceptible d'un tel sens; le rédacteur aurait dit en ce cas, ἐν τῇ ἑαυτοῦ βασιλείᾳ πεφ. πάσῃ, ou bien, avec l'accusatif, τὴν ἑαυτοῦ βασιλείαν πεφ. πᾶσαν; il y a donc encore ici discordance entre les deux textes. L'un des deux rédacteurs n'a pas entendu l'autre. Lequel? cela est facile à décider. A la ligne 9 et 10, la même expression, *qui est dans ses attributions royales*, est bien rendue dans le grec par οἱ ὑπὸ τὴν ἑαυτοῦ βασιλείαν τασσόμενοι; pourquoi donc le rédacteur grec l'aurait-il rendue si différemment deux lignes après? Il est au contraire évident que la locution grecque ταῖς ἑαυτοῦ δυνάμεσι πάσαις n'a pas été traduite exactement par le scribe égyptien, qui l'a crue synonyme de la première, bien qu'elle ne le soit pas.

A l'égard de la *suppression* et de la *diminution* des impôts, la même distinction existe dans l'édit de Tibère Alexandre, exprimé par les mots ἀτέλεια et κουφοτέλεια (l. 26) représentant, l'un l'immunité entière ou *l'abolition* d'un droit perçu, l'autre *l'allégement* de tel ou tel autre droit.

(25) Les mots ὅ τε λαός, καὶ οἱ ἄλλοι πάντες présentent une opposition assez remarquable. Je crois que ὁ λαός désigne le *peuple*, les classes de *laboureurs* et d'*artisans*; et οἱ ἄλλοι πάντες tout ce

qui n'était pas *peuple*, tels que les *militaires*, les *employés* et les *prêtres* ; comme (l. 13) τὸ πλῆθος, et lig. 52, ἰδιῶται opposé à ἱερεῖς. Dans plusieurs passages des papyrus, le mot λαοί, au pluriel, a le même sens ; ainsi Polybe oppose οἱ λαοί, *les gens du peuple*, à τὰ πολεμικὰ σώματα, *les militaires* (IV, 52, 7). De là, l'expression λαοκριταί pour désigner, en Égypte, les nationaux chargés de juger les différends entre particuliers, sorte de *juges de paix* (Peyron, *ad Pap. Taurin.* I, p. 160, 161).

LIGNE XIII.

(26) La distinction entre les deux locutions ἐπὶ τῆς βασιλείας et ἐν τῇ βασιλείᾳ, faite par Villoison, est très-juste ; l'une signifie *sous le règne;* l'autre, *dans le royaume.*

(27) On pourrait croire que, par τὰ βασιλικὰ ὀφειλήματα, les prêtres entendent les sommes qui étaient dues au Trésor, *à titre de prêt*. Il est certain, en effet, que le Trésor prêtait de l'argent aux particuliers. Dans un papyrus du Musée du Louvre, je lis …τῶν χορηγηθέντων τοῖς προσδεομένοις καὶ δανείων ἐκ τοῦ βασιλικοῦ. Un prêtre, chargé des funérailles d'Apis, fut obligé d'emprunter cinquante talents du roi, παρὰ τοῦ Πτολεμαίου πεντήκοντα ἀργυρίου τάλαντα προσεδανείσατο (Diod. Sic. 1, 84). Mais je crois qu'ici βασιλικὰ ὀφειλήματα comprend non-seulement ces dettes, mais tout ce qui était dû au Trésor à un titre quelconque, τὰ ὀφειλόμενα εἰς τὸ βασιλικόν, *omne quod regi solvi ac præstari debet* ; dans le sens où Zonaras dit : ἐκήρυξε τοῖς ὀφείλουσι τῷ βασιλικῷ ταμιείῳ (p. 577).

La même idée, exprimée presque dans les mêmes termes, se retrouve dans Polybe : παρέλυσε δὲ καὶ τοὺς ἐν αὐτῇ τῇ Μακεδονίᾳ τῶν βασιλικῶν ὀφειλημάτων, ἀφῆκε δὲ καὶ τοὺς ἐν ταῖς φυλακαῖς ἐγκεκλεισμένους ἐπὶ βασιλικαῖς αἰτίαις (XXV, 5, 3). Diodore dit aussi de prisonniers pour dettes : ἀπέλυσε τοῦ χρέους, ὄντος πλήθους ἐν ταῖς φυλακαῖς (I, 54).

(28) Ameilhon (p. 53) et M. Drumann (p. 151), joignent τῷ πλήθει à ὄντα πολλά. La construction est fausse ; τῷ πλήθει dépend de ἀφῆκε, comme l'a très-bien vu Heyne. La même circonstance de la remise des dettes revient encore plus bas (l. 29), mais appliquée seulement aux temples et aux prêtres. Ici, la remise s'applique à tous les débiteurs de l'État, sans distinction, τῷ πλήθει, à la *multitude* en général.

LIGNE XIV.

(29) Καὶ τοὺς ἐν φ. ἀπ. Je crois qu'on s'est mépris sur le sens de cette phrase, et qu'il est encore

---

question des débiteurs du *Trésor*. Le roi n'a pas seulement *remis* l'argent à ceux qui lui devaient, mais de plus, il a rendu la liberté à ceux qui étaient détenus pour dettes fiscales ; et il a absous ceux qui, depuis longtemps, étaient sous le coup de *réclamations* et de procès (ἐν αἰτίαις ὄντες) intentés au sujet de ces dettes.

La place qu'occupe l'énoncé de ce bienfait royal indique assez qu'il ne concerne que les *débiteurs* du Trésor et non, comme on l'a cru, les *prisonniers* et tous les *prévenus* en général. C'est qu'en effet il y avait *prise de corps* pour les *débiteurs du fisc ;* on voit par l'édit de Tibère Alexandre qu'ils étaient détenus dans une prison *spéciale* appelée πρακτόρειον, ainsi que εἰς ἄλλας φυλακάς (l. 15 et 16), ce qui est à peu près l'expression de notre décret. L'édit règle que nul ne sera détenu pour dettes, dans le *practorium* ou ailleurs (εἰς φυλακὴν ἡντινῶν κατακλείεσθαι), excepté s'il doit au fisc : ἔξω τῶν ὀφειλόντων εἰς τὸν κυριακὸν λόγον.

Quant à l'expression, ἐν ταῖς φυλ. ἀπηγμέν., on s'attendrait à voir εἰς τὰς φυλακάς, qui serait plus grec et plus conforme à l'usage (v. *Lex. Polyb.*), ou bien ἐν φυλακαῖς ὄντες ἐγκεκλεισμένοι (comme dit Polybe). Dans le style Alexandrin, ἀπάγεσθαι s'employait même, d'une manière absolue, en sous-entendant εἰς τὴν φυλακήν (*Genes.* XXXIX, 22), avec le sens, comme ici, d'être mis en prison pour dettes fiscales ou autres : (cf. Polyb. *Lexicon*). Mais l'emploi de ἐν pour εἰς, avec un verbe de mouvement, dans le style de cette époque, pourrait se justifier par beaucoup d'exemples. La locution ἐν αἰτίαις εἶναι, ἔχεσθαι, τίθεσθαι, est employée par les auteurs du meilleur temps. (*Thes. ling. gr.* t. 1, col. 1100, ed. Didot). Ἀπέλυσε τῶν ἐγκεκλημ. se trouve dans Polybe (V, 27, 5).

LIGNE XV.

(30) Outre ces *contributions*, il y avait encore des *parts réservées*, ἀπομοίρας, pour le culte des dieux, prises sur les vignobles, les vergers *et les autres terres* qui appartenaient aux temples, sous Philopator, ἀπό τε τῆς ἀ. γ. χ. τ. π. καὶ τῶν ἄλλων τῶν ὑπαρξάντων τοῖς θεοῖς; c'est ainsi qu'il faut traduire d'après la leçon. J'avoue que le sens serait plus net, s'il y avait καὶ τὰ ἄλλα τὰ ὑπάρξαντα, ce qui voudrait dire que tout ce qui *existait sous son père* était maintenu sur l'ancien pied.

Mais il serait trop hardi de supposer ici une faute du rédacteur. En écartant donc toute hypothèse, il n'y a pas moyen de donner au texte un autre sens que celui qu'exprime ma version.

Avec τῶν ἄλλων, on a sous-entendu πραγμάτων; cela est trop général; bien qu'on puisse citer des exemples du contraire, on doit naturellement sous-entendre des objets de même nature que ce qui précède, à savoir des *terres* qui ne sont ni vignobles, ni vergers, conséquemment des *terres labourables*, γῆ σιτοφόρος.

Il résulterait de ce passage que les temples avaient des propriétés en terres, vignobles, vergers et autres, dont le produit était versé dans le Trésor, sauf des *prélèvements* ou *parts*, ἀπομοίρας, réservées pour l'entretien des temples qui possédaient ces terres. Ces *prélèvements* avaient été antérieurement fixés à un taux *convenable* (καθηκούσας).

Ce détail est curieux en ce qu'il nous montrerait que les Ptolémées, tout en laissant à chaque temple ses propriétés territoriales, avaient trouvé le moyen de s'en attribuer les principaux revenus, et lui avaient seulement réservé la part qui leur semblait équitable.

On voit que les prêtres s'applaudissent et font un mérite au roi de ce que ces *prélèvements* n'ont point été diminués et sont restés *sur le même pied* (ἐπὶ χώρας μένειν) qu'auparavant.

La locution ἐπὶ χώρας μένειν, qui se retrouve encore plus bas, a été trop bien expliquée par Villoison, pour qu'il soit nécessaire d'y revenir.

LIGNE XVI.

(31) La phrase διδόναι εἰς τὸ τελεστικόν est analogue à celle de διδόναι, τελεῖν, συντελεῖν εἰς τὸ βασιλικόν; ainsi il est vraisemblable que le substantif sous-entendu, dans les deux cas, est ταμιεῖον. Il s'agit donc probablement d'une caisse destinée à recevoir un certain droit, dit *télestique*; à moins que τὸ τελεστικόν ne désigne ce droit lui-même; sens qui me plaît moins que l'autre.

Quelle idée doit-on attacher au mot τελεστικόν? Ameilhon et Pahlin veulent y voir un droit payé par les prêtres pour leur *initiation aux mystères*. Cela n'est guère vraisemblable; car ce droit, tout religieux, supposé qu'il existât, ne devait pas dépendre du gouvernement. Il s'agit évidemment d'une imposition qui revenait au roi, puisqu'il en dispense les prêtres, quand il le veut.

Donnant à τελεστικόν son sens étymologique, celui de *perfection* ou de *complément*, je présume que c'est le droit payé pour devenir *prêtre*, πρὸς τὸ ἱερέα τέλειον γίνεσθαι, comme parle Horapollon (1, 39). Le sacerdoce, en effet, concédait de grands priviléges et mettait en possession de grands avantages tant honorifiques que pécuniai-res. Il devait être fort ambitionné; et les familles devaient se montrer empressées d'y pousser leurs enfants. Il était donc naturel qu'on imposât à la fois des épreuves de capacité, et quelques sacrifices, par exemple, un droit analogue à ce que nous appellerions *frais d'obtention de grade*. Διδόναι εἰς τὸ τελεστικόν signifierait payer pour arriver au grade *supérieur*, au grade qui complétait les *épreuves*; c'était comme notre *grade de docteur*. Ma traduction est fondée sur cette hypothèse.

(32) Selon le sens donné jusqu'à présent à ce passage, Ptolémée Épiphane aurait rétabli ce droit sur le pied où il était resté jusqu'à la *première année de son père*. Ce serait là une tournure assez délicate, pour faire un compliment à l'un sans nuire à la mémoire de l'autre : car il resulterait assez clairement de ce passage, ainsi entendu, que Philopator, en montant sur le trône, avait fait subir à ce droit une augmentation qui s'était maintenue pendant tout son règne; et que son fils avait rétabli le droit tel qu'il était avant l'augmentation, c'est-à-dire, avant le commencement (la première année) du règne de Philopator.

Mais je trouve en ce cas une assez grande difficulté dans l'expression : pourquoi a-t-on dit : ἕως τοῦ πρώτου ἔτους ΈΠΙ τοῦ πατρὸς αὐτοῦ? La préposition ἐπὶ est tout à fait superflue, puisque toujours le mot ἔτους est suivi d'un génitif direct. On ne dit jamais ἔτους πρώτου, δευτέρου... ΈΠΙ τινός, en parlant d'un roi, mais bien ἔτους ...τινός ou τῆς βασιλείας τινός. Cette locution serait donc sans exemple. C'est ce qui ferait présumer qu'il y a peut-être un autre sens caché sous cette phrase, dont la traduction littérale est « ... (que les prêtres) ne payeraient rien « de plus que la taxe à eux imposée jusqu'à la « *première année*, SOUS son père. » Si l'on remarque que ἕως, ainsi que μέχρι, comprend bien souvent, au lieu de l'exclure, le terme qui le suit (note 57), c'est-à-dire, qu'il signifie *jusques et compris*, on pourra présumer que ἕως τοῦ πρώτου ἔτους, signifiant *pendant la première année, sous son père*, les mots, la *première année*, se rapporteraient aux *prêtres*, non *au roi*. En ce cas, il s'agirait du temps pendant lequel les prêtres devaient payer le droit dont il s'agit. *Sous son père* (ἐπὶ τοῦ πατρὸς αὐτοῦ) ils ne payaient le droit que *jusques et compris la première année* (de leur sacerdoce); pendant les années antérieures du règne d'Épiphane, ce droit avait été augmenté; en ce moment, on le rétablit au même taux où il était sous le précédent règne.

LIGNE XVII.

(33) Autres avantages accordés aux prêtres. Chaque année, les *députés* des colléges étaient obligés de venir à Alexandrie; voyage pénible et coûteux. Épiphane les en dispense. Pour diminuer les difficultés qu'on a vues dans ce passage (Drumann, p. 167), il suffit d'admettre, ce qui est d'ailleurs si vraisemblable en soi, qu'il ne s'agit pas ici de tous les *prêtres* de l'Égypte, mais seulement de *députations*. Or, il semble naturel que les divers colléges fussent astreints à envoyer annuellement des députés pour traiter des affaires communnes à l'ordre sacerdotal : et c'est ainsi que jadis, tous les nomes envoyaient au labyrinthe des députés qui traitaient des affaires générales du pays (Strab. XVII, p. 811).

L'expression τοὺς ἐκ τῶν ἱερῶν ἐθνῶν est assez remarquable. Pourquoi n'a-t-on pas dit simplement τοὺς ἐκ τῶν κατὰ τὴν χώραν ἱερῶν (comme l. 36)? A quoi bon ces mots ἱερῶν ἐθνῶν? et que signifient-ils? Le voici, je pense :

Ἔθνος veut dire aussi bien en grec, *classe*, *ordre* de personnes (ἔθνος ἱερέων, δημιουργῶν etc.) que *tribu* et *nation*. Dès lors ἱερὰ ἔθνη désignera, soit les *prêtres* de l'Égypte, divisés par *provinces* ou *nomes*, lesquels auraient envoyé chacun une députation séparée à Alexandrie; soit les prêtres divisés par *classes*, à savoir, ceux qui, dans toute l'Égypte, desservaient le culte de telle ou telle divinité, à titre de *grands prêtres*, de *prophètes*, de *stolistes*, etc.

De ces explications la seconde me paraît être la seule conforme à l'énumération faite plus haut (noté 17). Il est probable que l'on voulait faire délibérer leurs corporations diverses sous les yeux de l'autorité, et soumettre leur gestion ou leur conduite à un contrôle exercé par quelque pontife supérieur *résidant à Alexandrie*. Une inscription du temps d'Adrien fait mention en effet d'un L. J. Vestinus, ἀρχιερεὺς Ἀλεξανδρείας καὶ Αἰγύπτου πάσης (v. mes *Recherches etc.* p. 251). Quoiqu'on ne trouve rien de tel pour l'époque Alexandrine, comme il est établi, par une multitude de preuves, que les Romains n'ont presque rien changé à l'administration ptolémaïque, il devient très-probable que ce *grand prêtre de toute l'Égypte* existait déjà sous le règne d'Épiphane; ce qui expliquerait de la manière la plus satisfaisante le motif de ce voyage annuel, dont Épiphane consent à affranchir les prêtres, peut-être parce que l'expérience avait montré qu'elle était une corvée pénible sans avoir d'utilité réelle. Ses successeurs ont-ils maintenu la suppression? On l'ignore.

Je ne dois pas dissimuler que, selon Champollion, l'égyptien dit seulement, dans l'endroit correspondant à τοὺς ἐκ τ. ἱ. ἔ. *ceux qui sont dans les attributions des temples*. Il y aurait donc une différence dans le sens des deux textes ; mais encore une fois, le grec serait le plus complet, et présenterait une idée de plus que l'égyptien. Nouvelle raison de croire que celui-ci n'est qu'une traduction de l'autre.

(34) Κατάπλους (ὅ) est le mot consacré pour exprimer le voyage en descendant le Nil, comme les verbes καταπλεῖν, κατάγειν et καταβαίνειν. Je trouve, dans un papyrus du Louvre, εἰς τὴν πόλιν καταπλεῖν, pour dire *se rendre à Alexandrie*; et, dans un autre, καταπλεῖν πρὸς τὸν βασιλέα. L'opposé est ἀναπλεῖν, ἀνάγειν ou ἀναβαίνειν. (Strab., XVII, p. 799. — *Inscr. Memnon.* N° LIII.)

(35) Εἰς τὴν ναυτείαν. La forme ναυτεία est jusqu'ici inconnue. Le sens est pourtant assez clair, celui qu'on exprimait ordinairement par εἰς τὸ ναυτικόν ou τὰ ναυτικά, ou εἰς τὰς ναυτικὰς χρείας, comme s'exprime Polybe. Weston croyait que le mot σύλληψις signifie ici quelque chose de semblable à la *presse des matelots* en Angleterre. M. Drumann observe avec raison que l'usage d'une *presse*, parmi la caste sacerdotale, est contraire à l'esprit de l'antiquité. Le mot σύλληψις, comme ἔγληψις (τῆς νιτρικῆς) dans les papyrus, doit avoir un sens analogue à σύνταξις, et s'entend d'une espèce de contribution, soit en argent, soit en nature (cordages, voiles etc.), pour le service de la marine. Sans doute, l'affranchissement ne concerne que les temples, dont il est uniquement question ici.

(36) Après συντελουμένων, on s'attendrait à voir ὑπό ou ἐκ τῶν ἱερῶν. Le rédacteur a dit de même l. 28, τὰ ἐν τοῖς ἱεροῖς ὀφειλόμενα, pour ὑπὸ τῶν ἱερῶν ὀφ. On trouve quelque chose d'analogue dans cette expression de Démosthène: ἐν ταῖς εἰσφοραῖς (pour ἐκ τῶν εἰσφορῶν) συντελοῦσιν εἰς τὸν πόλεμον (*in Leptin.* p. 465, 23, R.). Mais le sens est différent.

(37) Selon Champollion, l'égyptien dit seulement *les portions*, et non les *deux tiers*. Il y a donc dans le grec une idée de plus, celle de *quantité*. Or, ce n'est pas là une chose que l'on ajoute. On pourrait voir, dans cette différence, un nouvel indice que le grec n'a pas été traduit de l'égyptien ; mais, au contraire, que l'égyptien a été traduit du grec par un scribe qui a passé le mot *deux*, ou qui n'a pas compris la locution δύο μέρη.

LIGNE XVIII.

(38) La question si débattue de la nature du *Byssus* paraissait résolue par les recherches du chimiste Rouelle, de Forster, de Larcher et d'autres savants. Il était à peu près reconnu comme certain que le *Byssus* est le coton ; mais des observations microscopiques très-délicates, faites par MM. James Thompson et Bauer, confirmées par M. Dutrochet, viennent de prouver que les filaments textiles du lin et du coton se distinguent par un caractère particulier qu'il est impossible de confondre : ils ont constaté que les toiles et tuniques qui servent à envelopper les momies, sont du *lin*, et non du *coton* ; or, comme Hérodote (II, 86) dit expressément que les momies étaient enveloppées avec des toiles de *Byssus*, il s'ensuit que le *Byssus* devait être du lin. (*Comptes rendus de l'Acad. des Sc. ann.* 1837, p.739-742. 1ᵉʳ semestre.)

Le mot βύσσος, qui est étranger à la langue grecque, répondrait au λίνον des Grecs, dont il indiquerait une espèce plus fine et plus délicate. Ceci peut-être nous expliquerait la glose du lexique de Cyrille : ὀθόνια, ὑφάσματα λεπτότατα. Dans les papyrus grecs de Memphis, où le mot ὀθόνιον se rencontre vingt fois, il est toujours seul ; jamais l'adjectif βύσσινον n'y est joint ; d'où l'on pourrait induire deux choses : 1° que cet adjectif était nécessairement sous-entendu, ou, en d'autres termes, que l'ὀθόνιον était toujours censé βύσσινον; 2° que ces ὀθόνια étaient des pièces d'étoffe d'une grandeur connue ; autrement on aurait dit quelle était leur dimension.

Il en est de même des σινδόνες qui, dans ces mêmes papyrus, sont toujours distingués des ὀθόνια, et quelquefois suivis d'une évaluation, mais sans indication de la grandeur.

Il sera nécessaire de reprendre et de discuter tous les textes, en partant du fait curieux constaté par M. Dutrochet. Mais cette discussion ne peut trouver place ici.

La suite montre que τὰ ἐγλελειμμένα désigne, non *en général* ce qui *a été négligé*, mais tout droit, au profit des temples, dont on avait négligé la perception.

LIGNE XIX.

(39) Hermès, le *grand et grand*, c'est-à-dire, *deux fois grand.*

Cette épithète est rendue dans l'égyptien par le signe *grand* répété deux fois ; ce que Champollion regarde comme une expression du superlatif, μέγιστος (*Gramm. Égypt.* p. 331). Il est remarquable que l'épithète sacramentelle (τρισ-

μέγιστος) d'Hermès ne paraît pas ici. Le superlatif, exprimé par l'objet répété *trois* fois, a été également observé par Champollion dans le langage hiéroglyphique (*Gr. Égypt.* p. 332). On trouve aussi le nom d'Hermès avec le signe de *grand* répété trois fois (*Panth. Égypt.* Pl. 15, n° 3); ce qu'on aurait rendu en grec par μέγιστος, ou par μέγας καὶ μέγας καὶ μέγα; et c'est ainsi que j'explique le *Hermes omnia solus, et ter unus* de Martial (*Epigr.* V, 25, 15).

Cette espèce de superlatif existe en grec dans le langage poétique ; car les adjectifs τρισγέρων, τρισδύστηνος ou τρισάθλιος, τρίσμακαρ, τριπάλαιος, τριπόθητος etc., ne sont rien que des superlatifs, comme le *ter felix* d'Ovide (*Met.* VIII, 51).

Mais Champollion ne cite aucun exemple de cet autre superlatif, que j'appellerais *à la seconde puissance*, où l'idée de *trois fois* est ajoutée à la première idée de *trois* ; tel que τρισμέγιστος, *trois fois trois fois* (*neuf* fois) grand. En grec même, on ne connaît guère que cet adjectif dans ce cas, et τρισέχθιστος (Phrynichus dans Bekker, *Anecd. Græc.* 1, 65, 12) : le premier, proprement appliqué à *Hermès*, et, par extension, à un nom différent, comme ἡ τρισμεγίστη τῶν καιρῶν εὐδαιμονία (*Édit de Tibère Alexandre*, l. 5, v. le *Journal de Savants*, ann. 1822, p. 674). C'est là, je crois, le plus ancien exemple connu de l'emploi de l'adjectif τρισμέγιστος, qui ne se présente ensuite que bien tard et rarement, par exemple dans Nicétas Eugénianus (lib. V. v. 280 ed. Boisson.) et Constantin Manasses (*Chronic.* p. 25). Cet adjectif, comme épithète d'Hermès, ne se rencontre que dans le fragment attribué à Sanchoniathon (au plus tôt fabriqué dans le IIᵉ siècle de notre ère), Ἑρμῇ τῷ τρισμεγίστῳ (ap. Euseb. *Pr. Ev.* I, p. 36. D); dans la lettre prétendue de Manéthon à Ptolemée Philadelphe, qui n'a pu être écrite avant le IIIᵉ siècle de notre ère (ap. Syncell. *Chronogr.* p. 40, ed. Paris), et probablement à la même époque que la plupart des traités mis sous le nom d'Hermès, où le titre τρισμέγιστος se trouve souvent ; ou enfin dans Lactance (IVᵉ siècle), *Trismegisto nomen imponeret* (*de Falsa relig.* I, 6, p. 42, ed. Walch.).

Que cette différence, entre *deux fois* et *trois fois grand* ou *trois fois très-grand*, tienne à ce qu'il y ait eu *deux Hermès* (on pourrait dire aussi bien *trois*), c'est ce que je ne saurais admettre, l'existence d'un second *Hermès* ou *Thoth*, admise par Jablonsky (*Panth. Æg.* III, 15, 18) et Champollion (*Panth. Ég.* Pl. 15 et 30), n'étant établie que sur l'autorité suspecte du faux Manéthon. Les monuments que l'on cite en faveur de cette dualité, ne fournissent autre chose, comme pour *Isis, Osiris, Hathor, Ammon etc.*, que des formes ou des attributs divers, qui expriment les fonctions différentes d'une même divinité.

Sans entrer dans des développements et des preuves qui m'entraîneraient trop loin, je me suis contenté d'avoir montré que l'usage de l'épithète τρισμέγιστος est, selon toute apparence, d'une époque récente. Il est probable qu'on ne la connaissait pas lors de la rédaction du décret des prêtres de Memphis; car elle aurait été employée de préférence à celle de μέγας καὶ μέγας qui est infinitivement plus faible; ce devait être alors l'épithète consacrée. Pour moi, je pense que les doubles superlatifs, dont Champollion n'a jamais trouvé d'exemples, tels que τρισμέγιστος, sont étrangers à la langue sacrée égyptienne. On conçoit difficilement comment ils auraient été exprimés en hieroglyphes, le superlatif simple l'étant déjà par l'idée de *grand* répétée *trois* fois. C'est une exagération à laquelle la langue grecque se prêtait au contraire très-facilement, et qui ne se trouvera peut-être jamais qu'en grec. Au reste, ce n'est là qu'une conjecture. Ce qui me paraît moins incertain, c'est qu'Hermès n'était pas encore *Trismégiste* au temps d'Épiphane.

(40) Villoison remarque l'espèce de réserve que l'on garde ici dans l'expression; ἀλλότρια φρονήσαντες, et l. 23 ἀλλοτριότης. J'observe que ἀλλότρια φρονεῖν ne signifie pas seulement *avoir des sentiments hostiles,* ce ne serait que la moitié de l'idée, mais encore les *manifester*; et en effet l'expression s'applique à des hommes auxquels leur conduite avait valu le bannissement.

LIGNES XIX, XX.

(41) ...τοὺς καταπορευομένους—κατελθόντας; ces deux participes se rapportent à la même idée, celle d'*émigrés rentrés*. Le premier, au présent, donne l'idée générale des gens *rentrés au pays*, et le second, à l'aoriste, exprime l'idée particulière relative aux biens; on aurait pu la rendre ainsi : κατελθόντας εἰς τὰς ἰδίας κτήσεις, μένειν ἐπ' αὐτῶν.

(42) Ce passage important est un de ceux qui n'ont point été compris. D'abord l'article τήν devant ταραχήν, mis d'une manière absolue, nous indique qu'on a voulu désigner *certains troubles*, à l'exclusion d'autres. On disait, οἱ κατὰ τὴν ταραχὴν καιροί, comme nous disons : *à l'époque de la Révolution*. Ce sont de ces termes qui, bien que vagues en eux-mêmes,

ont pour les contemporains un sens précis et déterminé.

Quels événements sont désignés ainsi? Tout le monde a cru (Drumann, p. 174, 175) qu'il s'agit de la *révolte* dont il va être question aux l. 22 et suiv., de celle qui a été suivie de l'occupation et du siége de Lycopolis. Mais comment aurait-on interverti à ce point l'ordre des faits? Pourquoi parler du retour des *exilés*, avant d'avoir dit un mot de l'événement qui a causé leur exil? Sans nul doute les prêtres veulent parler d'un événement antérieur. En effet, le grand papyrus de Turin fait mention du *trouble*, ἡ ταραχή, qui eut lieu sous Épiphane, dans la partie de l'Égypte au-dessus de Thèbes; et qu'il indique en ces termes : « (l'adversaire « convient) que son père s'est rendu, avec d'au-« tres soldats de Diospolis, dans la partie supé-« rieure, lors *du trouble* survenu sous le règne « du père des rois (Philométor et Évergète), le « dieu Épiphane »; τὸν ἑαυτοῦ πατέρα μετῆλθαι ἐκ τῆς Διοσπόλεως μεθ' ἑτέρων στρατιωτῶν εἰς τοὺς ἄνω τόπους ἐν τῇ γενομένῃ ΤΑΡΑΧΗ ἐπὶ τοῦ πατρὸς τῶν βασιλέων, θεοῦ Ἐπιφανοῦς (*Papyr. Taur.* 1, p. 5, l. 27-29). Le *calcul des temps* (ἀναλογιζομένων τῶν χρόνων) prouve que ce ΤΑΡΑΧΗ avait eu lieu, ou du moins s'était terminé, l'an 1er du règne d'Épiphane; car l'avocat compte 88 ans, entre ce *trouble* et l'époque où il parle (à savoir les 24 ans d'Épiphane, les 35 de Philométor, et les 29 d'Évergète), d'où il résulte nécessairement que le *trouble* avait commencé sous le règne de Philopator, puisqu'il se termine la première année de son fils Épiphane. On a soupçonné que l'avocat recule un peu trop l'événement. Je ne vois pas de raison pour s'écarter d'un témoignage aussi précis. Que ces troubles eussent commencé sous Philopator, c'est ce dont il n'est pas possible de douter, puisqu'à la ligne 27 de notre décret, il est parlé des *chefs* de ceux qui s'étaient révoltés sous le règne de son père, τῶν ἀποστάντων ἐπὶ τοῦ ἑαυτοῦ πατρός, et dont la punition exemplaire eut lieu à l'époque de son couronnement.

On voit donc que les troubles, commencés sous Philopator, furent apaisés et les coupables punis la première année d'Épiphane; ce fut l'un des premiers actes de son règne.

La punition ne fut pas la même pour tous ceux qui avaient pris part à la révolte.

Les simples particuliers furent bannis, tant les *gens de guerre*, μάχιμοι, que les autres (οἱ ἄλλοι). Après un temps qui n'est pas indiqué, ils furent rappelés (καταπορευόμενοι) et rentrèrent dans leurs biens, dont on leur garantit la possession (μένειν ἐπὶ τῶν ἰδίων κτήσεων).

Mais ceux qui s'étaient mis à leur tête, et les avaient entraînés, ne furent point relâchés ; on les garda en prison, et leur punition définitive fut remise au moment où le roi se fit couronner à Memphis : πάντας ἐκόλασεν καθηκόντως, καθ' ὃν καιρὸν κ. τ. λ. (l. 28).

Il y a donc entre tous ces faits une liaison évidente. Le papyrus et le décret s'expliquent l'un par l'autre. Lors de la rédaction de celui-ci, l'événement était si voisin, que tout le monde entendait, sans plus d'explication, le mot ἡ ταραχή, *le trouble*; mais lors du procès exposé dans le papyrus, environ quatre-vingts ans après, il était nécessaire que l'on expliquât le mot, pour éviter toute équivoque : d'autant plus que sous le règne du prince qui régnait alors, il y avait eu aussi des *troubles* (ἐν τοῖς τῆς ταραχῆς χρόνοις *Papyr. of the Brit. Mus.* II. l. 5), avec lesquels on aurait pu confondre ceux dont parle l'avocat.

Ainsi, en combinant ces témoignages, on connaît à la fois la *nature* et le *théâtre* de l'événement.

L'un nous apprend qu'il s'est passé dans le pays au-dessus de Diospolis (εἰς τοὺς ἄνω τόπους) ; ainsi, tout près de la frontière de l'Égypte. C'était probablement une de ces révoltes auxquelles prenaient part les *corps de troupes*, δυνάμεις, stationnés dans cette région extrême. En effet, le papyrus parle des *soldats* qui y prirent part; et le décret, des μάχιμοι, *gens de guerre*, qui furent bannis à la suite de l'événement.

(43) Προσενοήθη δὲ καί. L'ordre chronologique est bien suivi. Après ces troubles, apaisés la première année d'Épiphane, le décret arrive à un événement postérieur de trois ou quatre ans, à la guerre d'Antiochus contre l'Égypte, et d'Épiphane contre la Syrie. Scopas, en 200, marcha à la tête d'une armée, et soumit toute la Judée (Polyb. *ap. Joseph. A. J.* XII, 3, 3) pendant l'hiver de cette année. L'année suivante, Antiochus reprit sa revanche; il battit Scopas à Panium, et recouvra la Syrie (Id. ib.; — cf. Champ. Fig. *Ann. des Lagides*, II, p. 97-99).

C'est cette guerre, dont le théâtre fut *hors* de l'Égypte, que désigne l'expression ἐξαποσταλῶσιν, qui s'entend d'envois au *dehors*, et τοὺς ἐπελθόντας ἐπὶ τ. Αἴγ., qui annonce que les ennemis se sont avancés *contre* l'Égypte; mais non pas qu'ils y sont entrés. Antiochus, en effet, à la suite de sa victoire sur Scopas, n'avait point dépassé Gaza. Je fais cette remarque pour montrer quelle propriété d'expression distingue, en général, la rédaction du décret.

LIGNES XXI, XXII.

(44) Παραγενόμενος εἰς. Ce verbe ne signifie pas *s'approcher*. C'est encore le mot propre dans le style Alexandrin, aussi bien que παραλαμβάνειν, pour dire se *transporter dans un lieu*. On le retrouve plus bas (l. 27 et 28). Aux exemples cités par M. Drumann (p. 176), on peut joindre l'inscription de Busiris (l. 28 *Rech. p. s. à l'hist. de l'Égypte*, p. 392), celle des Sigéens (l. 12, ap. Chishull, p. 51) et plusieurs passages des papyrus grecs.

(45) L'article τὴν (ἐν τῷ B.) indique assez qu'il y avait plusieurs *Lycopolis*. Les géographes anciens en comptent deux : celle de la haute Égypte, à présent Syout, et celle du Delta, placée par Étienne de Byzance, dans le nome et près de la branche *Sébennytique*, nome limitrophe du *Busirite*. Cette différence ne nous oblige point à supposer l'existence d'une troisième *Lycopolis* ; elle est seulement une preuve que des changements sont quelquefois survenus dans la circonscription des nomes. J'en ai cité ailleurs des exemples (*Trad. fr. de Strabon*, t. V, p. 364 et 376 ; — *Rech. p. s. à l'hist. de l'Égypte*, p. 84).

(46) Κατειλημμένη. Cet mot indique que Lycopolis ne s'était pas révoltée d'elle-même, mais que les rebelles s'étaient *emparés* de cette ville , en en chassant les autorités royales et les habitants (*Thes. gr. Ling.* t. IV, p. 1116 D.). Une fois maîtres de la place, les rebelles s'y étaient fortifiés; ils y avaient réuni toutes les munitions nécessaires : et comme la révolte *durait depuis très-longtemps*, ils avaient eu tout le loisir de faire les préparatifs nécessaires.

Ce membre de phrase, ἐκ πολλοῦ χρόνου συνεστηκυίας τῆς ἀλλοτριότητος, a une importance chronologique. En l'an 8, il y avait déjà *très-longtemps* que la révolte durait : ce *très-longtemps*, ἐκ πολλοῦ χρόνου, s'entend au moins de quatre ou cinq ans. Épiphane, ou ses tuteurs, y avaient mis de la longanimité; mais sans doute, ils ne pouvaient faire autrement. Les rebelles avaient profité des embarras de la guerre de Syrie (vers 202), espérant l'emporter à la faveur de cette diversion puissante. Ce ne fut que cinq ou six ans après, que le gouvernement égyptien put songer sérieusement à étouffer ce foyer d'insurrection.

LIGNE XXIII.

(47) Le composé συναχθεῖσιν aurait pu suffire comme ci-dessus (l. 8); mais on a voulu ajouter

à l'idée, et faire entendre que le rassemblement avait été successif, et s'était grossi de jour en jour de nouveaux arrivants.

Le terme ἀσεβεῖς s'explique par ce qui suit : des gens qui n'avaient pas respecté les temples ne pouvaient être que des *impies*.

(48) Τὴν ἀνάβασιν μεγάλην ποιησ. Il est probable que le graveur a oublié de répéter l'article devant μεγάλην ; cependant on a pu s'en passer, μεγάλην étant pris comme qualificatif. L'inondation était ou trop *faible* (ἐλάττων), ou *moyenne* (μέση) ; ce qu'on appelait aussi δικαία (ἀνάβασις), *justum incrementum* (*Rech. pour servir à l'hist. de l'Égypte*, p. 396), ou enfin *grande* (μεγάλη, μείζων), c'est-à-dire, au-dessus de la mesure nécessaire pour une bonne récolte (Strab. XVII, p. 787, 788). Si l'on avait voulu parler d'une inondation ordinaire, on aurait dit simplement τὴν ἀνάβ. ποιησ. On veut dire que le Nil, habitué à inonder les terres (εἰθισμένου κατακλ. κ. τ. λ.), avait eu cette année une *grande* crue.

LIGNE XXIV.

(49) La *huitième année*. Cette date, jointe à la circonstance de l'inondation, donne l'époque de la prise de la ville, qui eut lieu dans le cours de l'été de l'an 197 (V. le tableau, p. 13).

La contradiction qu'on avait trouvée entre notre inscription et Polybe, d'où l'on avait conclu contre l'authenticité du monument, n'existe réellement point. On avait cru que cet historien plaçait le siége de Lycopolis, à la vingt-cinquième année d'Épiphane, ou dix-huit années plus tard. M. Champollion Figeac (*Ann. des Lagides*, t. II, p. 105-110) a très-justement remarqué que cette date de la vingt-cinquième année dans Polybe (XXXIII, 16, 1), se rapporte à un événement postérieur au siége de Lycopolis. (V. la note 50. p. 24.)

LIGNE XXV.

(50) Ce que le rédacteur appelle ποταμοί, *fleuves*, doit être tant les *canaux* creusés de main d'homme, les ὀρυχθέντες ποταμοί de l'inscription d'Adulis (ap. Chishull, p. 80), spécialement désignés par διώρυγες, que les embranchements naturels qui se remplissaient d'eau, lors de l'inondation. On trouve déjà le même sens dans Hérodote (II, 93, init.); la version grecque d'Ézéchiel le présente également (XXX, 12), ainsi que les papyrus grecs (Peyron, I, p. 90). Strabon donne aussi le nom de ποταμός au canal dérivé à Héliopolis (XVII, p. 805); celui qui portait à Arsinoë par les *Lacs amers*, s'appelait

Ποταμὸς Πτολεμαϊκός, en latin *Amnis Ptolemæus* (Diod. I, 33 fin. — Plin. VI, 33).

(51) Je ne crois pas qu'on ait bien compris les opérations de Ptolémée Épiphane détaillées dans ce passage. Voici, je pense, en quoi elles ont consisté : Le roi avait mis le siége devant la ville (ἀντικαθίσας), assez longtemps avant l'époque de la crue, pour espérer de prendre la ville avant que l'inondation vînt troubler ses opérations. En conséquence, il l'avait entourée d'une circonvallation, περιτειχισμός, formée, selon l'usage grec, de *fossés* (τάφροις) , avec leur talus intérieur (χώμασι), et d'un *contre-mur* désigné ici par le mot τείχεσι. Mais le siége fut plus long qu'on ne l'avait pensé. L'inondation allait survenir. Pour parer aux inconvénients qui devaient en résulter, le roi s'occupa de retenir (κατέσχεν) le fleuve, en fermant les bouches des canaux par des digues qui empêchassent les eaux de pénétrer dans le camp, lequel, placé au-dessous du niveau de l'inondation, s'en trouvait cependant préservé, formant une espèce de *polder*. Mais, comme les assiégés ou leurs partisans n'auraient pas manqué de couper les digues, il les fit garder par des corps de cavalerie et d'infanterie. De cette manière, le siége put continuer. La ville fut prise d'assaut (κατὰ κράτος), en peu de temps (ἐν ὀλίγῳ χρόνῳ), c'est-à-dire, peu de temps après l'exécution de ces travaux.

(52) Polybe rapporte une circonstance peu honorable pour le roi, et que les rédacteurs du décret, par une réserve prudente, ont passée sous silence. Il nous apprend (XXI, 19, 1, ed. Didot) que, lorsque Épiphane vint mettre le siége devant Lycopolis, ceux qu'il appelle δυνάσται τῶν Αἰγυπτίων, *chefs des Égyptiens* (probablement les *chefs politiques* des nomes), qui s'étaient révoltés contre le roi, effrayés de cette démarche vigoureuse, vinrent se remettre en ses mains, se confiant à sa bonne foi, ἔδωκαν σφᾶς αὐτοὺς εἰς τὴν βασιλέως πίστιν. Celui-ci les traita fort mal ; ce qui l'exposa à de *grands dangers* par la suite (οἷς κακῶς ἐχρήσατο, καὶ εἰς κινδύνους πολλοὺς ἐνέπεσεν). L'inscription ne dit rien de cela; on n'y fait mention que du siége même, et de la prise d'assaut de la ville dont la garnison tout entière fut passée au fil de l'épée.

Les *dangers* dont parle Polybe, comme d'une suite de la cruauté ou du manque de foi d'Épiphane, se présentèrent plus tard. Quelques-uns des *dynastes*, épargnés par le roi (οἵπερ ἦσαν ἔτι διασωζόμενοι), Athinis, Pausiras et Chesouphos (noms égyptiens), se révoltèrent encore quelques années après. Polycrate en vint à bout (τοὺς ἀποστάντας ἐχειρώσατο); ils furent obligés de se rendre, et de se confier, comme précédemment les autres, à la bonne foi d'Épiphane, qui n'y resta pas davantage fidèle, puisque, en dépit de ses promesses, il fit écarteler ces chefs (καὶ δήσας τοὺς ἀνθρώπους γυμνοὺς ταῖς ἁμάξαις εἷλκε).

Ce dernier fait se passait bien longtemps après le siége de Lycopolis, Épiphane ayant alors vingt-cinq ans (en 184 avant J. C.).

LIGNE XXVI.

(53) Ce rapprochement entre les exploits d'Épiphane et d'Horus, *dans les mêmes lieux,* c'est-à-dire, dans le *Delta*, est tout à fait remarquable. On est tenté d'y voir une allusion à l'antique guerre, si célèbre dans les annales égyptiennes, contre les *Pasteurs* qui possédèrent, pendant plus de deux cents ans, la région inférieure du Delta, ayant pour place d'armes *Avaris*, comme les ennemis d'Épiphane, *Lycopolis*. Les prêtres ont-ils donné à dessein une couleur *mythique* à un événement de l'histoire ? Je croirais plutôt qu'ils se reportent à une lutte antérieure, entre les Égyptiens et quelque peuple conquérant, à une invasion plus reculée, dont le souvenir se perpétuait dans cette image d'un captif, les mains liées derrière le dos,

que l'on représentait sous la semelle des sandales. Cette espèce de type de *l'étranger ennemi* se retrouvant dans les sculptures d'El-Tell, antérieures à l'époque des pasteurs, doit en effet remonter à une invasion plus ancienne (V. L'hôte, *Lettres écrites d'Égypte,* p. 70).

Sans l'usage constant d'employer καθάπερ, et la comparaison qu'il annonce, au second terme, j'aurais peut-être rapporté ce membre de phrase à ce qui suit, et non à ce qui précède ; d'autant plus qu'il manque une copulative, au deuxième membre, τοὺς ἀφηγης. au lieu de τούς τ' ἀφ., ou τοὺς δὲ ἀφηγ. Je ne changerai donc rien à la ponctuation admise, et le sens restera le même. Le rédacteur aura oublié un τε, comme l. 10 ; je l'ai suppléé dans les deux cas.

Hermès et Horus avaient soumis (ἐχειρώσαντο), ceux qui s'*étaient révoltés auparavant,* τοὺς ἀποστάντας πρότερον ; et, par *auparavant,* il faut entendre, *du temps d'Osiris,* père d'Horus ; de même qu'Épiphane avait soumis ceux qui s'étaient révoltés *sous son père,* τῶν ἀποστάντων ἐπὶ τοῦ ἑαυτοῦ πατρός. Il y a parité entre les actions ; aussi est-il dit d'Horus qu'il a vengé son père, ἐπαμύνας τῷ πατρί (l. 10), et d'Épiphane, qu'il est venu à Memphis pour venger son père, ἐπαμυνῶν (et non ἐπαμύνων) τῷ πατρί.

Καθάπερ Ἑρμῆς καὶ Ὧρος. Selon Champollion, l'égyptien porte, *comme Horus et Hermès :* c'est une faute, puisque le complément, *fils d'Isis et d'Osiris,* appartient à Horus et non pas à Hermès. Il est fort douteux que le rédacteur grec se fût aperçu de cette erreur ; et s'il l'avait trouvée dans l'original, il l'aurait reproduite. C'est un nouvel indice que la rédaction grecque est la première. Le scribe égyptien aura fait encore ici un *lapsus*.

LIGNE XXVII.

(54) Je crois apercevoir encore une nuance assez délicate dans l'expression : τοὺς ἀφηγησαμένους τῶν ἀποστάντων ; le rédacteur pouvait les appeler τοὺς ἡγεμόνας, les *chefs* ; mais c'était leur faire trop d'honneur. Ἀφηγεῖσθαι se trouve dans le style de Polybe et des Septante.

(55) La lacune de six lettres E......AN ΤΑΣ a été diversement remplie. Ameilhon lit ἐ[πιφθέρ]αντας, mot impropre, d'ailleurs inconnu ; Heyne, ἐ[πιθρέξ]αντας ; d'autres, ἐ[κπέρσ]αντας, ou ἐ[πιπιέσ]αντας, verbes exclusivement poétiques, qui n'ont pu se trouver ici. Le supplément ἐ[ρημώσ]αντας de Porson serait préférable, si le sens n'était trop fort, et s'il ne fallait ici un verbe d'une signification vague, comme celle de ἀδικήσαντας qui suit. La vraie leçon me parait être ἐ[νοχλήσ]αντας, dont le sens cadre parfaitement avec l'expression adoucie ἀδικήσαντας. Le verbe ἐνοχλεῖν, *molestare,* se dit des choses comme des personnes : cet exemple suffira : ἠνώχλουν τὰς πόλεις τὰς ἐν Πελοποννήσῳ (Isocrat. *ad Philipp.* §. 21, Cor.).

J'ai conservé le sens *général* de ἀδικεῖν ; mais il s'agit vraisemblablement du *pillage,* ou tout au moins de la mise à contribution des temples. Outre les objets précieux qu'on y conservait pour l'usage du culte, ils contenaient aussi des dépôts d'argent que les particuliers croyaient là beaucoup plus en sûreté. Quelques-uns y tenaient en réserve leurs économies ; c'étaient des espèces de *caisses d'épargne.* (Ceci sera développé dans mon Comment. sur les papyrus du Musée du Louvre.)

(56) Καθηκόντως est ici à la lettre notre *comme il faut*. Καθηκόντως ἐκόλασεν, il les punit *comme il faut,* comme ils le méritaient.

LIGNE XXIX.

(57) Ἕως τοῦ ὀγδόου ἔτους. On ne voit pas de raison pour qu'Épiphane ait exempté les prêtres de payer ce qu'ils redevaient antérie rement, jusqu'au commencement de la *huitième année;* mais on comprend très-bien qu'il ait pris pour terme la fin de cette année, ou le commencement de la neuvième qui marquait celle de son couronnement. Je pense donc que ἕως τ. ὀ. ἔ. signifie *jusques et compris* la huitième année; on sait que ἕως, comme μέχρι, et en latin *usque ad,* comprend souvent le terme qui suit, avec notre sens de *jusques à.... et inclusivement.*

(58) Ὡσαύτως δὲ καί. Autres remises. Le roi ne s'est pas contenté de réduire des deux *tiers* la quantité des toiles de byssus que les temples devaient fournir au fisc (l. 17 et 18); réduction qui ne comptait que pour l'*avenir;* mais encore, pour le *passé,* il a fait deux remises : 1° Le *prix* (τιμαί) de celles qui n'avaient pu être payées avant la même époque, c'est-à-dire, avant la neuvième année de son couronnement; 2° quant à celles qui avaient été payées, il a remis ce que l'on appelle ici τὰ πρὸς τὸν δειγματισμὸν διάφορα, et qui n'avait pas été compris d'Ameilhon. L'analogie indique assez clairement que δειγματισμός exprime l'opération de *vérifier* si les toiles fournies ont la qualité et la grandeur requises, et sont conformes à l'étalon (Drumann, p. 181, 182). Les mots τὰ διάφορα, où l'on a voulu trouver l'idée de *différence,* qu'ils ont très-souvent, ne signifient rien autre chose que ἀνάλωμα, *impensa,* et correspondent au τιμαί du premier membre. Ce sens de διάφορον, et surtout du pluriel διάφορα, est fréquent dans le style Alexandrin. Aux exemples du pluriel cités dans le lexique d'Henri Estienne, tirés de Polybe, de Denys d'Halicarnasse ou des Septante (t. II, p. 1387. D. ed. Didot), il faut ajouter, outre ce passage de notre inscription, celui-ci du Pseudo-Aristéas, qui offre la même construction; l'auteur dit de Ptolémée Philadelphe : Ἐχρηματίσθη πολλὰ διάφορα πρὸς τὸ συναγαγεῖν, εἰ δυνατόν, ἅπαντα τὰ κατὰ τὴν οἰκουμένην βιβλία (p. 233, ed. Vandal.); et cet autre d'une inscription mutilée de Mylasa : Τὰ διάφορα εἰς τὴν τῶν προγεγραμμένων ἔργων κατασκευήν (ap. Pocock. *Inscr. antiq.* VIII, n° 7).

Il ressort de là un fait assez curieux; c'est que les *toiles,* avant livraison, étaient soumises à une *vérification,* dont on mettait la dépense à la charge des fournisseurs. Ainsi, elles arrivaient sans aucuns frais au trésor; en d'autres termes, les frais de perception restaient à la charge des contribuables.

LIGNE XXX.

(59) La lacune de *six* ou *sept* lettres a été remplie par Heyne et Porson, au moyen de Λ[ΕΛΕΙΜ]-ΜΕΝΗΣ; mais l'égyptien s'oppose à cette restitution; il porte, selon Champollion : *le roi a ordonné, concernant les droits d'une artabe par aroure de terres appartenant aux dieux, ainsi que celui de l'amphore par aroure de vignobles dus aux dieux, qu'on en fît la remise.* Il ne s'agit pas seulement de la *remise* de l'artabe *non payée* ou *arriérée,* mais de la *suppression* générale et absolue du droit : il y avait donc dans le grec un autre mot que λελειμμένης; et comme la lettre initiale peut être aussi bien un A qu'un Λ, j'ai lu Λ[ΠΟΤΕΤΑΓ]ΜΕΝΗΣ, qui rend justement l'idée de l'égyptien.

Ameilhon trouve ici la tournure embarrassée. Le sens est assez clair; mais il semble que la construction la plus naturelle serait : [ἀπέλυσε] καὶ — τοῦ κεραμίου τῇ ἀρούρα τῆς ἀμπελίτιδος γῆς. Dans tous les cas, comme τῆς ἀμπελίτιδος γῆς dépend de τῇ ἀρούρα, il ne faut pas mettre comme Porson un δὲ après ὁμοίως, ce qui rompt inutilement la phrase; Cependant, le changement du génitif s'explique bien par l'ellipse de κατά devant τὸ κεράμιον. Les mots τῆς ἱερᾶς γῆς appelaient καὶ τῆς ἀμπελίτιδος; et il était plus élégant de continuer par un accusatif absolu que d'attacher encore un génitif à ἀπέλυσεν. Je ne traduis pas κεράμιον par *amphore,* parce que ce dernier mot présente une idée de plus que κεράμιον, et peut-être même étrangère à celle que les prêtres veulent exprimer : que κεράμιον soit une *mesure de liquides,* comme *artabe* une mesure de solides, cela est certain; que, dans plusieurs textes, de l'époque romaine, κεράμιον soit employé comme un synonyme d'amphore, cela n'est pas non plus douteux; mais ici le rédacteur a-t-il voulu exprimer une mesure identique avec l'*amphore* grecque ? C'est peu probable. A coup sûr, le mot κεράμιον représente une mesure égyptienne, dont la capacité était bien connue de ceux qui employaient le mot; à peu près comme les termes vagues *pot* et *bouteille,* dont le sens propre est celui d'une sorte de vase, mais qui se prennent aussi comme l'expression d'une mesure : « de la bière à 30 centimes le *pot*, la « *bouteille*. » Dans cette incertitude, j'ai conservé le mot *kéramion* sans le traduire.

LIGNE XXXI.

(60) Les prêtres distinguent par leur nom les taureaux *Apis* et *Mnévis* ; les autres animaux sacrés, ils ne les désignent que vaguement par les expressions : καὶ τοῖς ἄλλοις ἱεροῖς ζώοις, τοῖς ἐν Αἰγύπτῳ. Le décret confirme le témoignage de tous les auteurs anciens qui mettent au premier rang des animaux sacrés en Égypte, les taureaux *Apis* et *Mnévis*. Ils nomment tous *Apis* le premier, et *Mnévis* le second, excepté pourtant Ammien Marcellin (*Mnevis et Apis sunt notiora*. Amm. Marc. XXII, 14, 7). Tous s'accordent également à dire que le siège du culte du premier était à *Memphis*, le second à Héliopolis (V. les textes dans Jablonsky, *Panth. Ægypt*. IV, c. 2 et 4); ils étaient consacrés l'un à la lune (*Isis*), l'autre au soleil (*Osiris*), quoique, selon Diodore de Sicile, on les considérait tous deux comme consacrés à Osiris (I, 21); il dit également que leur culte n'était pas limité à ces deux villes, mais s'étendait à toute l'Égypte; et partout sans doute, ils étaient représentés par des animaux vivants; le seul qui soit connu, outre *Apis* et *Mnévis*, est l'*Onuphis* ou *Pacis* adoré à Hermonthis (Jabl. *Panth. Æg*. I, p. 99 ; II, p. 273, 59).

Les papyrus grecs confirment ce témoignage, en nous indiquant qu'il y avait à Memphis même, outre *Apis*, un taureau *Mnévis*, dont on célébrait aussi le *deuil* à sa mort; car j'ai trouvé dans un papyrus (appartenant à M. l'abbé Greppo) un état des dépenses faites par les Didymes (prêtresses du Sérapiéum) pour le deuil de Mnévis (τὸ ἀνάλωμα τῶν Διδυμῶν τοῦ πένθους τοῦ Μνήγειος (pour Μνήειος ou Μνεύιος). Un papyrus de Leyde (dans Reuvens, *Lettres*, III, p. 50 et suiv.) contient les pétitions d'un Pétésis, fils de Chénuphis, *archentaphiaste* d'*Osorapis* et d'*Osoramnévis* (ἀρχενταφιαστὴς τοῦ Ὀσοράπιος καὶ Ὀσοράμνειος, θεῶν μεγίστων).

Cette addition des trois syllabes *Osor* ou *Osora*, devant les noms d'*Apis* et de *Mnévis*, est un fait aussi nouveau que certain. Dans un autre papyrus de Memphis, relatif aux Didymes, l'homme chargé de soigner *Apis* est appelé ὁ βουκόλος τοῦ Ὀσοράπιος (*Papyr. Gr. of the Brit. Mus.* XII, l. 7); et, dans un autre, il est question de la cérémonie dite ἀναγωγὴ τοῦ Ὀσοράπιος (XIV, 22). Ces trois syllabes se retrouvent ailleurs; par exemple, dans les noms royaux *Osor-sen*, *Osor-*

tasen, *Osor-kón* ; et le nom divin Ar-Oéris (ou Or-oeris). Les deux noms propres Ὄηρις et Ὀσορ-όηρις, que donnent des papyrus (ap. Peyron, II, p. 56), ne diffèrent que par l'addition de ces trois syllabes. Je soupçonne qu'elles rappellent les deux noms divins Ὀσ[ιρις] et Ὡρ[ος]. Ainsi, les noms Ὀσόραπις et Ὀσοράμνευις seraient une combinaison des noms d'Apis et de Mnévis avec ceux d'Osiris et de son fils Horus; combinaison d'autant plus naturelle, que la liaison religieuse de ces animaux avec la triade d'Isis, d'Osiris et de leur fils Horus est au nombre des points les moins incertains, dans cette profonde obscurité qui enveloppe la religion égyptienne.

(61) Φροντίζων ὑπὲρ τῶν. On pouvait se passer de la préposition ὑπέρ; car le verbe φροντίζειν est ordinairement suivi du génitif sans préposition. Cependant la locution n'est point insolite. On trouve non-seulement φροντίζειν περί τινος dans Démosthène (p. 131, 10), Xénophon (*Apomn*. I, 4, 17) et les Septante (Sirach, XLI, 15); mais aussi ὑπέρ τινος (Démosthène, p. 9, 13; 526, 25).

LIGNE XXXII.

(62) Ἐνδόξως répond à notre *noblement*, de manière à se faire *honneur*. » Cet adverbe complète bien δαψίλως.

(63) Τελισχόμενα, comme συντελούμενα (S turz *de Dial. mac.* p. 197) indique les sommes qu'on était convenu de payer pour *le culte particulier de chacun de ces animaux*, ou bien pour les temples qui leur étaient *spécialement* consacrés. Je crois cependant que l'idée de *culte* cadre mieux avec ce qui précède et avec ce qui suit, θυσίαι, πανηγύρεις.

LIGNE XXXIII.

(64) La remarque de Villoison sur τὰ τίμια, les *droits*, les *priviléges*, les *prérogatives*, est exacte. Selon Champollion l'égyptien porte aussi: *les honneurs appartenant aux temples*. Un passage d'une inscription de Téos montre bien en quel sens est pris ce mot : après avoir parlé du *droit d'asile*, ἀσυλία, on ajoute τά τε ἄλλα τὰ ὑπάρχοντα αὐτοῖς ἔνδοξα καὶ τίμια (ap. Chishull, *Ant. As.* p. 115).

LIGNE XXXIV.

(65) On voit que des gens de Memphis sont les premiers intéressés dans ce décret. Toutes les fois qu'on sort des choses générales, et qu'on particularise les bienfaits du roi, c'est une divinité ou un temple de *Memphis* que l'on indique. On dit qu'il a étendu ses bienfaits à *tous les temples* de l'Égypte; mais on n'en nomme pas un seul de Thèbes ou d'aucun

autre lieu. L'*Apiéum*, dont on parle ici, est le temple qui existait, comme les papyrus nous le montrent, dans l'enceinte du *Sérapiéum*.

(66) On pourrait croire que les *travaux dispendieux* (ἔργα πολυτελῆ) dont Épiphane a embelli l'*Apiéum*, consistaient en *propylons* ou autres constructions accessoires, qu'on distingue encore avec les noms des Ptolémées dans quelques-uns des plus anciens édifices de Thèbes.

Dans ce cas, les mots λίθοι πολυτελεῖς ne seraient pas ce que nous appelons des *pierres précieuses*, tels qu'agate, cornaline, jaspe, saphir, rubis, émeraude, diamants etc.; mais des *matériaux précieux*, tels que marbres divers, granit vert ou rose, basalte, etc.

Mais, outre que le sens naturel des mots conduit à l'idée de *pierres précieuses*, ces mots étant joints à ceux *d'or* et *d'argent*, il ne peut être question que *d'ornements*, non de *construction*. On trouve de même dans Josèphe: καὶ πρὸς παρασκευὴν δὲ κρατήρων....ἔπεμψε χρυσοῦ μὲν ὁλκῆς τάλαντα πεντήκοντα, λίθων δὲ πολυτελῶν ἀσυλλόγιστόν τι πλῆθος (*Ant. Jud.* XII, 2, 5); dans Callixène: στέφανος....χρυσοῦς, λίθοις πολυτελέσι κεκοσμημένος (ap. Athen. VI, 202, D); Lucien: ...λίθοις τοῖς πολυτελέσι ἠσκημένος, καὶ χρυσῷ, καὶ γραφαῖς διηνθισμένος (*Imag.* § 11), ce qu'Hérodien exprime par λίθοις τιμίοις (V, 5, 4), et Clément d'Alexandrie, par χρυσῷ καὶ ἀργύρῳ καὶ ἠλέκτρῳ.... καὶ τοῖς ἀπὸ Ἰνδίας καὶ Αἰθιοπίας..... λιθιδίοις (*Pædag.* III, 2, p. 252, fin.). Ces ἔργα πολυτελῆ sont donc la dorure (χρύσωσις) de quelques parties du temple, et l'embellissement de quelques chapelles par incrustation de pierres précieuses, d'or et d'argent.

(67) Il faut remarquer le choix et la propriété des termes qui expriment tous ces travaux d'Épiphane. Ἱδρύσατο est le mot propre, appliqué à βωμός, ναός ou ἱερόν, pour exprimer qu'on a *bâti*, *élevé*, autel, temple ou naos *(Thes. gr. ling.* IV, p. 523, B. ed. Didot). C'est ce passage qui m'avait conduit à l'idée que les édifices ou parties d'édifices égyptiens, sur lesquels des inscriptions grecques se trouvent, n'expriment pas de simples *dédicaces*; et conséquemment que ceux qu'a *élevés* Epiphane, étaient de style égyptien *(Journal des Savants* 1821, p. 454); idée confirmée depuis par tant de monuments.

(68) Le roi a *restauré* tout ce qui, dans les anciens édifices, avait besoin de *réparation*: ἐπισκευή peut bien signifier *construction ajoutée*: mais ce mot se dit le plus souvent de *réparations*, sens appelé d'ailleurs par προσδιωρθώσατο. Aux exemples cités dans le *Thesaurus gr. Ling.*

T. III. p. 1773 ed. Didot, on peut ajouter des phrases semblables à la nôtre ...εἰς ἐπισκευὴν ὧν ἂν δέηται τὸ ἱερὸν τάλαντα πεντήκοντα. (Joseph. *Ant. Jud.* XII, 2, 6); et ἐν οἷς ἂν ἐπιφανεστέραν γίνεσθαι τὴν τοῦ ἱεροῦ ἐπισκευὴν δέοι (id. XII, 3, 3).

Il y a de plus dans les deux composés ΠΡΟΣδεόμενα et ΠΡΟΣδιωρθώσατο, l'idée de réparations *antérieures*, auxquelles Épiphane ajouta les siennes. C'est là une nuance délicate qui exprime que le roi a continué l'œuvre de ses prédécesseurs. J'ai taché de la rendre par les mots à *son tour* et *encore*.

(69) Le choix de l'adjectif εὐεργετικός n'est pas indifférent. On aurait pu mettre θεοῦ εὐεργέτου, le sens eût été le même, mais il y aurait eu amphibologie; on aurait pu voir là le *dieu Évergète*.

(70) Le supplément de la lacune est dû à Porson. Heyne suppléait: ἀνήκο[υσι τὴν] θεῖον διάνοιαν; leçon incorrecte, le verbe ἀνήκουσι n'ayant pas son complément nécessaire; d'ailleurs il faudrait τὴν τοῦ θείου διάνοιαν. La construction revient à ..περὶ τῆς πρὸς τὸ θεῖον εὐσεβείας (*Inscr. ap.* Clarke II, p. 114), à ἡ πρὸς τὸ θεῖον ὁσιότης dans un papyrus du Louvre, et principalement à cette phrase de la stèle de Turin : τὸ δὲ πάντων πρῶτον καὶ μέγιστον, [ποιησάμενος τὴν πᾶσα]ν ἐπιμέλειαν τῶν εἰς τὸ θεῖον ἀναπεμπομένων.

LIGNE XXXV.

(71) Il y a encore une nuance à remarquer dans ce ΠΡΟΣπυνθανόμενος ; déjà, des informations avaient été prises avant Épiphane sur l'état des temples ; mais il en a fait prendre d'autres, à la suite desquelles il a *renouvelé* les plus importants des temples.

(72) L'expression τὰ τῶν ἱερῶν τιμιώτατα ἀνενεοῦτο (par erreur, ἀνανεοῦτο sur la pierre), a été diversement entendue. Ameilhon dit : « *Les choses les plus précieuses* renfermées dans les temples.» La version de M. Drumann donne un sens analogue (p. 31). Heyne : *templa præcipuo honore habita* : c'est le seul sens compatible avec le grec ; comme τῶν ἵππων οἱ εὐφυέστατοι (Xenoph. *Apomn.* IV, 1, 3). Dans l'autre sens, le rédacteur, qui savait très-bien écrire sa langue, aurait dit : τὰ ἐν τοῖς ἱεροῖς τιμιώτατα. Il s'agit donc *des temples*, et non des *choses contenues dans les temples*. Ceci est important d'après la force du mot, ἀνανεοῦσθαι, *renouveler*, qui signifie beaucoup plus que *réparer*; et, par exemple, *refaire à neuf* partie ou totalité d'un édifice fort endommagé ou même menacé de destruction (v. mes *Recherches sur l'Égypte*, p. 67).

Il y a dans l'égyptien : « il a *renouvelé* les *honneurs des temples*, comme il convenait sous son règne. » Cette différence provient de ce que le scribe égyptien n'a pas entendu le grec. En effet, les signes qui représentent les *honneurs des temples* sont les mêmes qui sont exprimés l. 33 par τὰ τίμια τῶν ἱερῶν, et à la fin de la l. 36 par τὰ ὑπάρχοντα τίμια πάντα τῷ....Πτολεμαίῳ. Si le rédacteur grec n'avait fait que traduire l'égyptien, il aurait rendu de même la même expression, et n'aurait pas été chercher l'expression si différente τὰ τῶν ἱερῶν τιμιώτατα. C'est donc évidemment celle-ci que le scribe égyptien aura mal comprise et mal rendue, la croyant identique avec l'autre ; et de cette manière, il a dit deux fois la même chose. Cela prouve encore que le texte grec a précédé l'autre ; et que celui-ci est l'œuvre d'un Égyptien qui entendait le grec fort médiocrement. La justesse du supplément τ'ἄλλα ἀγαθ[ὰ πάντα] est d'ailleurs justifiée par le texte hiéroglyphique où se lit : «*et tous les autres biens* (Champ. *Gramm. Égypt.* p. 315.)

Ainsi non-seulement Épiphane a *élevé*, ἱδρύσατο, des temples ; mais il a *embelli*, *reparé* et *refait* de ces édifices. Or, les temples d'Ombos, de Philes, d'Edfou etc., et quelques-uns de Thèbes, presque refaits sous les Ptolémées, notamment le petit temple d'Esculape ou d'Imouth à Philes, et le propylon Ouest de la salle hypostyle au palais de Carnak, construit par Épiphane (Lhôte, *Lettres écrites d'Égypte*, p. 205), prouvent que les termes de notre inscription n'expriment que la vérité.

(73) La circonstance, ἐπὶ τῆς βασιλείας, *sous son règne*, et non *dans son royaume*, comme dit Ameilhon (plus haut, note 26), n'est pas à beaucoup près oiseuse. Les travaux dont il s'agit ne sont pas de son prédécesseur, ils ont été commencés et achevés sous son règne ; à lui seul en appartient le mérite.

(74) *La royauté restant*, etc. ce que l'inscription hiéroglyphique exprime ainsi : « L'honneur « suprême (étant) établi en lui et *en la race de* « *ses fils* » (Champ. *Gr. Eg.* p. 419). Le grec dit seulement *à lui et à ses enfants* : mais l'idée accessoire de la postérité entière du roi est exprimée par le verbe διαμένειν.

LIGNE XXXVI.

(75) Le même vœu existe dans le décret des Sigéens, en l'honneur d'Antiochus Sôter : γίνεσθαι τά τε ἄλλα ἀγαθὰ πάντα τῷ βασιλεῖ.... καὶ τὰ πράγματα καὶ τὴν βασιλείαν διαμένειν λαμβάνουσαν ἐπίδοσιν (ap. Chish. *Ant. As.* p. 51 et 52. — Cf. Drumann, p. 196).

Ἀγαθῇ τύχῃ ἔδοξεν κ. τ. λ. Voilà encore la forme grecque toute pure ; l'économie du décret ne s'écarte en rien de l'usage grec. Ainsi l'ἀγαθῇ τύχῃ vient après le *considérant*, qui dépend de ἐπεί ou de ἐπειδή, et précède ἔδοξεν, qui est suivi de tout ce qu'il a plu de faire pour le personnage qu'on veut honorer. A coup sûr l'ἀγαθῇ τύχῃ n'a rien d'égyptien, et n'était dans aucun des deux textes *hiéroglyphique* et *démotique*. Un translateur grec d'un texte égyptien ne l'aurait pas mis dans sa traduction. Nouvel indice que nous avons ici la rédaction originale.

Ici ἡ χώρα désigne *toute l'Égypte* ; car on lit dans l'inscription hiéroglyphique : « Ap-« partenant aux prêtres de la partie septentrio-« nale et de la partie méridionale. » (Champ. *Gr. égyp.* p. 192.) Si le rédacteur n'a pas mis, comme ailleurs (l. 46) κατὰ τήν τε ἄνω καὶ τὴν κάτω χώραν, c'est que l'adjectif πάντων après ἱερῶν rendait l'expression τὴν χώραν suffisamment claire.

LIGNE XXXVII.

(76) L'incise, ἠγαπημένῳ ὑπὸ τοῦ Φθᾶ, a été omise dans l'égyptien. On conçoit très-bien cette omission d'un traducteur, par l'effet d'une inadvertance. Mais ce que l'on conçoit moins, c'est qu'un traducteur ajoute au texte original ce qui n'y est pas. Encore une induction en faveur de la priorité du grec.

LIGNES XXXVIII, XXXIX.

(77) Ce n'est pas sans raison qu'on a employé le composé ἐπαύξειν, *sur-augmenter*, au lieu du simple αὔξειν, dont on s'est servi plus bas (l. 53). Épiphane a augmenté les honneurs qui avaient été rendus déjà aux premiers Ptolémées.

Champollion fait sur εἰκόνα une remarque importante. « Le texte démotique emploie le « *sème* qui a déjà paru l. 2. là où le grec dit « encore εἰκόνος, ce qu'on retrouve à la l. 32, « répondant toujours au grec τὰς εἰκόνας. Ce « mot doit se traduire rigoureusement par « *image, représentation*, *portrait* d'un individu, « soit peint, soit sculpté *en bas-relief*. Lorsqu'il « s'agit d'une *statue* proprement dite, les deux « textes d'un commun accord emploient d'au-« tres expressions que le mot εἰκών et le sème « signifiant *image* ; le grec se sert du mot ξόανον. « Le texte hiéroglyphique vient lui-même à « l'appui de cette distinction, puisque là où le

« démotique et le grec disent *image*, le texte
« sacré présente un groupe hiéroglyphique dont
« le caractère dominant est l'image même d'un
« homme debout, coiffé du *Pschent*, et costumé
« comme les rois qui sont si fréquemment re-
« présentés sur les bas-reliefs décoratifs des
« temples. Là, au contraire, où le grec et le
« démotique emploient le mot *statue*, le texte
« hiéroglyphique offre la figure d'une statue
« égyptienne assise sur un trône, les bras éten-
« dus sur les cuisses, comme la statue dite de
« Memnon et la plupart des statues des Pha-
« raons qui décorent les façades extérieures et
« intérieures des Pharaons. »

« Il importe donc de traduire à la rigueur
« εἰκών par *image*, *portrait*, et ξόανον par *statue*.»

Cette observation, quant au sens de εἰκών
(nous reviendrons sur ξόανον à la l. 41), est confirmée par les circonstances qui accompagnent
ce mot, et qui montrent qu'il s'agit, en effet,
d'une de ces scènes d'inauguration ou de con-
sécration, qu'on voit, en si grand nombre,
parmi les anaglyphes des temples de toutes les
époques, pharaonique grecque ou romaine.

Car nous voyons qu'à côté du roi doit
être *représentée debout* (παρεστήξεται) la divinité
principale (ὁ κυριώτατος θεός) du temple. Ameilhon
croyait que παρεστήξεται est une faute du rédacteur, au lieu de παραστήσεται. C'est lui qui
se trompait : ce mot est un futur moyen de
παρίστημι (Buttm. *ausführl. Gr.* § 99. Anm. 3).
Aristote, cité par H. Estienne, a le simple
ἑστήξεται (*Thesaur. Gr. ling.* T. IV, p. 695,
B. ed. Didot). Lucien emploie aussi la forme
παρεστήξῃ (2. pers. du même temps, *Imag.* § 14,
p. 473, l. 3), où Paulmier voulait à tort lire
παρεξεστήσῃ de παρεξίσταμαι. Le sens du verbe,
littéralement *adstare*, emporte l'idée que la figure du *Dieu* devait être *debout*. Ce dieu est le
κυριώτατος θεός, expression qui désigne celui
auquel le temple était spécialement consacré
(v. les *Rech. pour servir à l'hist. de l'Eg.* p. 31).

C'est la scène si ordinaire où le roi est représenté debout, assisté d'une divinité dans la
même position, et accompagnée de divers attributs. Ici, elle doit être dans l'attitude de lui
donner *l'arme victorieuse*, ὅπλον νικητικόν, probablement la *harpé* qu'un dieu présente au roi
sur un bas-relief (Champoll. *Mon. de l'Égypte et
de la Nubie*, Pl. L.). Cet ὅπλον νικητικόν faisait allusion sans doute à la victoire remportée par Epiphane sur les révoltés. « Cette *image* portera le
nom de Ptolémée. » Ceci exprime l'usage d'ac-
compagner ces figures en anaglyphes, du *cartou-*

che royal, portant les noms et prénoms de Ptolémée. On devait mettre cette scène ἐν τῷ
ἐπιφανεστάτῳ τόπῳ de chaque temple; comme
sur une de ses parois principales, ou sur un
pylône, enfin dans un lieu bien en vue; c'est-à-
dire, dans les mêmes endroits où nous voyons
encore représentées de pareilles scènes. On indique aussi de quelle manière et en quel style
les scènes seront exécutées : κατεσκευασμέν[α
...]τρόπον. Ameilhon propose de remplir
la lacune par κατεσκευασμέν[α κατὰ τὸν νόμι-
μον]τρόπον; Heyne par ...εἰς τὸν τιμιώτατον]
τρόπον; enfin Porson, par τὸν ἐπιχώριον] τρόπον, avec l'ellipse élégante de κατά. Mais le vrai
supplément qui est aussi de la juste longueur,
et qui, pour le sens, rentre dans le dernier, est
κατεσκευασμένα τὸν Αἰγυπτίων τρόπον; car le texte
égyptien, selon Champollion, porte : « ces
« choses étant disposées, *selon la coutume des*
« *Égyptiens.* » Cette expression peut encore an-
noncer que la rédaction grecque est la première. C'est un Grec qui parle ainsi : Un Égyptien aurait dit, à ce qu'il semble : *selon notre
coutume*, τὸν καθ' ἡμᾶς τρόπον.

L'expression est parfaitement justifiée par le
style qu'on remarque dans toutes ces scènes religieuses où les rois grecs jouent un rôle. C'est
toujours le style égyptien sans aucun mélange.

(78) L'image *portera le nom* de Ptolémée,
προσονομασθήσεται Πτολεμαίου. La même construction est dans Porphyre : Τὸ λϛ΄ ἔτος Φιλομήτο-
ρος προσαγορεύεσθαι τῆς τούτου βασιλείας (*ap.
Euseb. Chron.* p. 225, l. 24). Le texte hiéroglyphique porte : « On érigera une image, son
« nom sera Ptolémée » (Champ. *Gr. égypt.*
p. 277 et 429). Ceci veut dire qu'à côté de
l'image sera mis le cartouche royal, contenant le
nom et les titres du roi, comme on le voit dans
tous les bas-reliefs du même genre.

LIGNE XL.

(79) Le service religieux (θεραπεύειν) est exprimé
dans l'égyptien par le simple mot *servir* (Champ.
Gramm. Ég. p. 507); il devait se faire *trois fois par
jour* : il consistait sans doute en quelques formules
de prières, ou en quelques actes d'adoration,
προσκυνήματα. M. Drumann cite fort à propos
un passage de Plutarque, où il est dit que l'on
sacrifie *trois fois par jour* au soleil ἡμέρας ἑκά-
στης τρὶς (*de Is. et Osir.* p. 372). Le nombre
trois est sacramentel; il avait même passé dans
l'expression de la langue (plus haut note. 39).

Cette lacune de 14 à 15 lettres est difficile à
remplir. Les suppléments proposés par Heyne,

ἐν [τε ἑορταῖς καὶ πα]νηγύρεσιν; et Porson, ἐν [δὲ ἑορταῖς καὶ πα]ν., péchent l'un et l'autre par l'absence de l'article. Le supplément ἐν [ταῖς μεγάλαις πα]νηγύρεσιν conviendrait fort pour l'espace d'environ 15 lettres qu'il s'agit de remplir. Mais l'égyptien ne le favorise guères. Selon Champollion, ce texte porte : « comme on fait pour les « autres dieux, aux panégyries du pays » (*Gramm. Égypt.* p. 479). Il y avait donc : ἐν [ταῖς κατὰ τὴν χώραν ou κατ' Αἴγυπτον, ou enfin ἐν [ταῖς ἐγγωρίαις πα]νηγύρεσιν.

(80) Une circonstance semble pourtant s'opposer à ce que la figure du roi et les accessoires soient des *anaglyphes* ou bas-reliefs ; c'est celle qu'expriment les mots καὶ παρατιθέναι αὐταῖς (ταῖς εἰκόσι) ἱερὸν κόσμον. Il est naturel de penser que ce κόσμος dont il s'agit, n'est autre chose que le résultat du στολισμός, c'est-à-dire, *de l'opération d'habiller* les dieux à certains jours (plus haut, note 17). Au premier abord, cela ne se comprend guères que d'une figure de ronde bosse. Mais aussi, dans ce cas, on aurait mis, de toute nécessité, ΠΕΡΙτιθέναι, non ΠΑΡΑτιθέναι. Ce dernier mot signifie *mettre à côté*, ou *juxtaposer*, et non *envelopper* ; ce qui s'entend très-bien d'un ornement *juxtaposé*, ou *accroché* devant la figure, et non jeté *autour* d'elle. Champollion et M. Lenormant ont observé au temple d'Isis à Philes, les *trous* qui ont reçu les clous destinés à accrocher les vêtements dont on habillait dans certaines cérémonies les figures *en bas-relief* de la déesse. (V. mes *matériaux pour servir à l'histoire du Christianisme*, etc., p. 68). C'est cet usage qu'exprime le verbe παρατιθέναι ; ce verbe, qui a dans cet endroit une propriété et une précision remarquables, lève tous les doutes sur la justesse de l'observation de Champollion.

LIGNE XLI.

(81) J'ai déja dit (Note 77), d'après Champollion, que le signe hiéroglyphique qui correspond à notre ξόανον, est celui d'une *statue assise* ; ce qui s'entendra aussi bien d'une statue de *bois* que d'une statue de *pierre*. Bien que ξόανον ait été quelquefois employé, par les auteurs récents, pour *statue* en général, sans acception de matière, il est certain néanmoins que le plus souvent ce mot est employé dans son sens étymologique ; et spécialement pour désigner ces *statuettes* portatives, *simulacra brevia quæ portabantur in lecticis*, comme dit Servius (*ad Æneid.* VI, v. 68). Que si le rédacteur a employé ξόανον, au lieu de ἀνδριάντα ou de ἄγαλμα, qui sont les

mots propres pour indiquer une *statue* de grandeur naturelle ou au-dessus de nature, c'est qu'il voulait parler d'une figure destinée à être placée dans le *naos* ou *édicule* portatif dont le nom vient après.

C'est cet édicule qui devait être mis dans chaque temple ; on l'appellait aussi παστός ou παστάς; une foule de bas-reliefs égyptiens de toutes les époques nous le montrent placés sur des bateaux portés par des hommes.

Ces édicules, portatifs comme la figure qu'ils contenaient, étaient *en bois* selon l'expression d'Hérodote, νηοὶ μικροὶ ξύλινοι (II, 63), et *dorés*, κατακεχρυσωμένοι ; ce que notre inscription exprime par l'adjectif χρ[υσοῦν ; à moins que l'idée de *dorure* ne s'applique à la fois à la *statue* et à l'*édicule*, auquel cas, la lacune devrait être remplie par χρυσᾶ ou par χρυσούμενα. Quoique l'une et l'autre hypothèses soient vraisemblables, la seconde est cependant favorisée par la construction; car si le rédacteur eût voulu ne faire tomber l'idée de dorure que sur ναός, il aurait plutôt mis l'adjectif avant : ξόανόν τε καὶ χρυσοῦν ναόν, comme l'a fait Diodore de Sicile: ἀγάλματά τε καὶ χρυσοῦς ναοὺς κατασκευάσασθαι (I , 15). D'ailleurs, ces statues portatives étaient ordinairement dorées: ἐν ταῖς καλουμέναις παρ' Αἰγυπτίοις κωμασίαις, τῶν θεῶν χρυσᾶ ἀγάλματα περιφέρουσι (Clem. Alex. *Strom.* V. 7, 44, p. 671 Pott.). J'ai donc lu χρυσᾶ, le participe χρυσούμενα étant trop long pour la place.

C'est à l'intention de faire tomber l'idée de *dorure* sur les deux objets en même temps, que j'attribue le choix que le rédacteur a fait de l'*hendiadys* ξόανόν τε καὶ ναὸν χρυσᾶ (comme Hérodote 11, 152, τὸν αὐχένα καὶ τὴν κεφαλὴν φαίνει κ. — κεχρυσωμένα), au lieu de χρυσοῦν ναὸν καὶ ἐν αὐτῷ ξόανον, qu'il aurait sans doute préféré dans l'autre cas.

LIGNE XLII.

(82) Ces édicules portatifs étaient donc placés dans la partie des temples appelée ἄδυτον : chez les Éthiopiens, ils l'étaient dans l'ἄβατον (Diod. Sic. III, 6), partie également retirée, où les prêtres seuls avaient le droit de pénétrer (V. *Recherches pour servir à l'hist. de l'Égypte* etc. p. 304, 305).

C'est de là qu'on les tirait à certaines époques pour leur faire prendre rang à la procession ; ce que notre inscription appelle ἐξοδείαι, seul exemple qui existe de ce mot en ce sens, de même que de ἐξοδεύειν ou du composé συνεξοδεύειν à la ligne suivante.

Elle nous apprend en outre que cette *sortie*
avait lieu dans les *grandes panégyries* (ἐν ταῖς
μεγάλαις πανηγύρεσιν) ; et par là on entendait
sans doute des panégyries *annuelles*. Diodore de
Sicile nous dit en effet que *chaque année* (κατ'
ἐνιαυτόν), chez les Égyptiens, le temple ou édicule d'Ammon à Thèbes, était transporté de
l'autre côté du fleuve dans la partie Libyque
et ramené quelques jours après (Diod. Sic. I, 97).
Cet antique usage, si général en Égypte sous le
règne des Ptolémées, se continua pendant toute
la durée du culte égyptien. Le transport des édicules et de la statue d'Isis de Philes en Éthiopie avait encore lieu, non seulement au temps
d'Antonin, mais même dans le cinquième siècle
de notre ère (v. *mes Matériaux pour servir à
l'hist. du Christ.* p. 75, 76). Claudien, à la
fin du quatrième siècle, parle encore de la procession des statues divines à Memphis comme
d'un usage en vigueur ...*sic numina Memphis
in vulgus proferre solet, penetralibus exit effigies
(de IV consul. Honor. V.* 570 *sq); cette dernière
idée se rendrait littéralement, dans le grec de
notre inscription, par ἐξ ἀδύτων ἐξοδεύει τὸ ξόανον.

La cérémonie énoncée dans l'inscription et
qui se maintint encore près de sept siècles,
remontait aux plus anciennes époques de la religion égyptienne, comme le prouvent les monuments où elle est représentée.

Le supplément de cette ligne, proposé par
Porson, est excellent; le composé συνεξοδεύειν
est aussi nécessaire au sens que convenable
pour la place.

LIGNE XLIII.

(83) Quoique le sens eût été plus clair, si l'on eût
mis : ὅπως δ' εὔσημος ὁ ναός ᾖ ... ἐπικεῖσθαι αὐτῷ,
je pense que le sujet de εὔσημος est ναός et non
βασιλεύς. Cette construction n'est même pas
sans élégance. Le sens est confirmé par le texte
égyptien qui signifie: « afin que cette chapelle
soit distinguée » (*Gramm. Égypt.* p. 429, 4).

(84) Dans les trois lignes 43, 44 et 45, est décrit
l'ornement égyptien que les prêtres ont ordonné
de placer *sur* l'édicule, ὅπως εὔσημος ᾖ, comme
ils disent. On a toujours eu quelque peine à se
former une idée nette de l'arrangement qui résulte de cette description. Voici l'idée que je
m'en forme, d'après les monuments mêmes qui
subsistent :

Les mots ἐπικεῖσθαι τῷ ναῷ signifient sans nul
doute que *l'ornement* sera placé *au-dessus* de la
couverture de l'édicule, et qu'il en formera
le *couronnement*.

Cet ornement se compose de trois parties :
et d'abord de *dix basilies*, βασιλεῖαι.

Ce mot est ordinairement traduit par *couronne* ; mais il faut bien faire attention qu'il
s'applique à un objet qui n'a certainement rien
de commun avec ce que nous appelons une
couronne. Aussi le grec, au lieu du mot στέφανος, n'offre-t-il que βασιλεία, qui *ne signifie au
fond qu'ornement royal*. Sans Diodore de Sicile,
nous saurions difficilement de quoi il s'agit :
mais il nous dit de la statue d'une reine, qu'elle
porte *sur la tête trois basilies* τρεῖς βασιλείας ἐπὶ
τῆς κεφαλῆς, pour indiquer qu'elle était fille,
femme et mère de roi (Diod. Sic. I, 48). Ce *triple* ornement placé *sur la tête* d'un personnage
royal se montre dans une foule de bas-reliefs,
et, par exemple, dans ce portrait (A) de Sésostris,
(*Mon. dell' Egitto* etc. Mon. Reali. Pl. XVI,
n°. 3).

Le même ornement se voit sur la tête d'autres
Pharaons et de Ptolémées (même ouvrage, pas-
sim ; et *Descript. de l'Égypte*, Antiq. I. Pl. 13 et
suiv.); on voit, dans toutes, *deux ou trois basi-*

lies liées ensemble, tantôt ayant des aspics au devant, tantôt n'en ayant pas.

Ces *basilies* posent toujours sur deux cornes de béliers placées horizontalement, desquelles pendent tantôt des croix ansées, tantôt des aspics.

Les cornes de béliers, qui supportent les *basilies*, posent tantôt immédiatement sur la tête, où, à dire vrai, l'on ne devine guère comment elles pouvaient tenir; tantôt (fig. A) sur une base *carrée*, ornée diversement et attachée à la coiffure.

(86) L'expression οἷς προσχείσεται ἀσπίς, rend assez bien la position de l'*aspic* ou *Uræus* qui se dresse en avant des *basilies*, des coiffures divines ou royales, (cf. Jacobs *ad Ælian. Hist. An.* VI, 38; Leemans *ad Horap.* p. 118 sq.); προσχεῖσθαι est souvent employé, dans un sens analogue, pour dire être placé *au-devant* d'une chose, comme προχεῖσθαι, mais avec l'idée d'*addition* à cette chose.

(87) Le supplément de la fin de la ligne [καθάπερ καὶ ἐπὶ πασῶν], proposé par Porson, est bien vraisemblable à tous égards, ou plutôt à peu près certain. Ceci suppose que les *basilies* n'avaient pas toutes d'aspic: et en effet, on trouve de ces ornements auxquels manque cette addition symbolique (par exemple *Descr. de l'Ég. Ant.* I, Pl. 16, n° 6, 9, 17 etc.)

(88) Maintenant, il y a deux remarques à faire. La première, c'est que ces *basilies* ne doivent pas être, comme l'indique Diodore de Sicile, et comme les monuments nous les montrent partout, placées sur la *tête du roi*; elles le seront sur son *naos*, comme *sur les autres naos*; ce qui prouve qu'il s'agit ici d'un usage général, commun à tous les édicules de ce genre. Or, aucun de ceux que les monuments nous font connaître ne présente ce caractère. Leur couverture, plus ou moins bombée, formant rarement un plan horizontal, ou n'est surmontée d'aucun ornement, ou l'est par le corps d'un aspic ou par un épervier qui fait *pyramider* le tout (*Descr. de l'Ég. Ant.* I, pl. 13, n. 4); comme dans cet exemple,

(B)

où le naos est recouvert d'une manière fort originale par une coiffure *aspidophore* ; ce que n'a pas bien compris l'auteur du dessin qui a remplacé l'aspic par un *poisson*.

Ceci nous offre une disposition analogue à celle qui résulte de notre inscription, quoique formée d'éléments différents. Si nous ne trouvons pas d'exemples tout à fait semblables, cela vient probablement de ce que ces divers exemples nous offrent l'édicule de *divinités* et non de rois *divinisés*, dont elles étaient l'apanage ordinaire. La disposition pyramidale qui sera présentée ci-dessous, rentre dans celle que je viens de citer.

(89) La seconde remarque à faire, c'est que jamais, on ne trouve les *basilies* au nombre de *dix*. Il n'y en a pas moins de *deux*, et jamais plus de *trois*. Il est donc probable qu'elles n'étaient point ici toutes les dix rangées sur la même ligne. Je les conçois disposées en quatre groupes, de *trois* et de *deux*, sur les quatre faces du parallélogramme (fig. A), qui leur servait de base.

Ce nombre de *dix* pourrait bien être une allusion à celui des *pays* sur lesquels s'étendait la domination d'Epiphane. Dans l'inscription d'Adulis, Evergète dit qu'il a reçu de son père la royauté (τὴν βασιλείαν) de l'*Égypte*, de la *Libye* (y compris la *Cyrénaïque*), de la *Syrie*, de la *Phénicie*, de *Cypre*, de la *Lycie*, de la *Carie* et des *Cyclades*; en tout seulement *huit*; mais Théocrite, pour le règne de Ptolémée Philadelphe, ajoute l'*Arabie* et l'*Éthiopie* (*Idyll.* XVII, 85 sq.); ce qui complette le nombre. Il y en avait bien quelqu'un à retrancher, à l'époque du décret; mais, sans doute, le nombre *dix*, fixé par celui des *basilies* sur les monuments des prédécesseurs, devait être respecté. Le roi d'Angleterre ne s'est-il pas appelé *roi de France*, jusqu'à la paix d'Amiens? le roi de Sardaigne ne s'appelle-t-il pas encore roi de Chypre et de Jérusalem, et l'Empereur d'Autriche, n'est-il pas toujours roi des Romains? De tout temps, les princes ont difficilement renoncé à ces titres d'honneur qui rappellent des conquêtes, des possessions ou des prérogatives dont leurs ancêtres avaient joui.

Cette explication des *dix couronnes* me paraît meilleure que celle qu'on pourrait tirer d'une certaine préférence accordée au nombre *dix*, comme expression générale; et dont on verrait un exemple, dans cette copie d'une curieuse représentation, trouvée par M. L'hôte dans les grottes d'Ell-Tell (*Lettres écrites d'Égypte*, p. 64), dont les sculptures sont au nombre des plus anciennes qui se soient conservées en Égypte. (Plus haut, note 53).

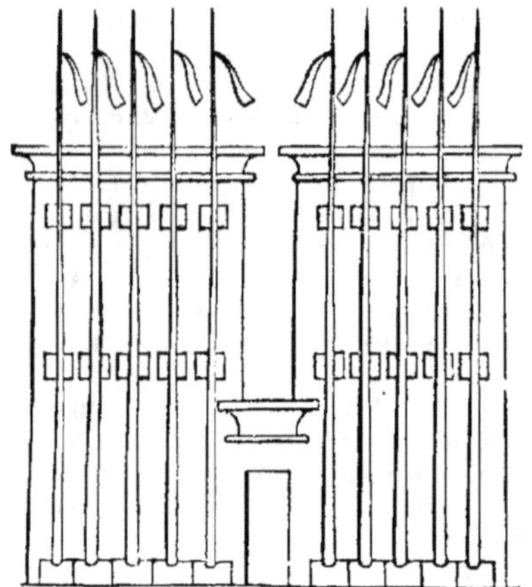

représentant un *pylône*, au-devant duquel s'élèvent *dix mâts*, surmontés de *flammes* ou *étendards*. Mais, comme les *dix basilies* ne se trouvent nulle part, c'est une raison de croire que cet ornement était propre aux rois divinisés de la race Ptolémaïque, et se rapportait à l'étendue de leur domination.

LIGNE XLIV.

(90) Le mot ἀσπιδοειδῶν semble manquer un peu de justesse. Car, dans la réalité, les *basilies* n'ont pas *la forme d'aspic* : mais elles *portent* un ou plusieurs aspics : il semble donc que le mot propre eût été ἀσπιδοφόρων ; cependant, l'*aspic* a quelquefois une telle grandeur que la forme générale, vue de face, se rapproche de celle de l'animal ; et que le mot ἀσπιδοειδής n'est pas tout à fait sans convenance. Au reste, Champollion traduit l'égyptien en ce sens · *les couronnes ornées d'aspic étant sur les Chapelles* (*Gramm. Égypt.* p. 337) ; sens qui supposerait ou que le rédacteur égyptien, fort peu grec, comme on l'a vu, a lu par erreur ...τῶν ἀσπιδοειδῶν βασιλειῶν ᾿ΟΝΤΩΝ (pour οὐσῶν) ἐπὶ τῶν ἄλλων ναῶν, au lieu de βασιλειῶν ΤΩΝ ἐπὶ τῶν ἄ. ν. ; ou bien qu'il n'aura pas compris la phrase. Mais encore ici l'erreur n'est pas du côté du grec.

(91) Autre circonstance : au milieu des *basilies* (αὐτῶν ἐν μέσῳ) sera placée la *basilie* appelée *Pschent*.

On a été longtemps incertain sur le sens de ce mot. Villoison voulait y voir le nom d'un *vêtement royal*, à cause de l'expression ἣν περιθέμενος (ὁ βασιλεύς), *que le roi ayant revêtue*. Mais M. Drumann a déjà répondu à la difficulté, en

citant le passage où Hérodote (II, 162) dit d'Amasis : περιέθηκέ οἱ κυνέην. Il est sûr que le verbe περιτίθεσθαι, appliqué à une coiffure quelconque, n'est au fond pas plus déplacé qu'avec l'idée de *couronne* (cf. Aristoph. *Thesm.* v. 387 ; Suid. v. περίθου). Le traducteur d'Isaïe, écrivain d'Alexandrie comme notre Grec, a dit de même περιέθηκέ μοι μίτραν (Jes. LXI, 10). C'est dans ce même sens qu'Horapollon a dit de l'*aspic* ou *Uræus* qui ornait la coiffure des dieux, θεοῖς περιτιθέασιν (I, 1) ; leçon que M. Leemans a conservée dans le texte, avec beaucoup de raison (*ad. h. l.* p. 119.)

Le sens du mot *Pschent* ou plutôt *Schent*, en retranchant le préfixe (Champ. *Gr. Égypt.*, p. 76), a été définitivement fixé par Champollion qui a reconnu qu'il signifie cette *coiffure royale*, cette espèce de casque, dont les rois se couvraient la tête dans les grandes cérémonies, composé de deux parties, quelquefois séparées, quelquefois réunies, comme dans cette figure :

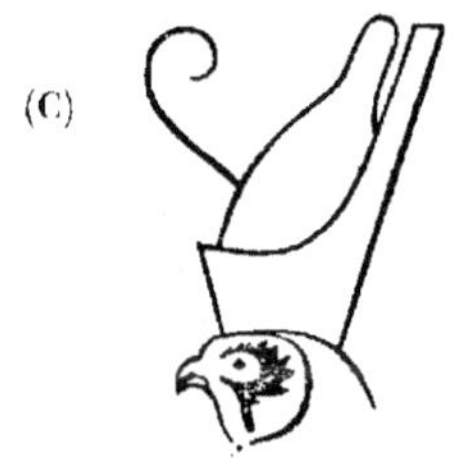
(C)

C'est la partie inférieure seule du *Pschent* qui est figurée dans le texte hiéroglyphique de l'inscription de Rosette, à l'endroit correspondant à ce passage.

(92) Cet ornement devait être placé au milieu des *basilies*, αὐτῶν ἐν τῷ μέσῳ. La seule manière d'entendre cette disposition, à ce qu'il semble, c'est d'admettre que le *Pschent* s'élevait sur une base, dans l'espace vide laissé au milieu des *basilies*, disposées autour du tétragone, les dominant, et formant le sommet de la pyramide.

C'est avec le *Pschent* en tête, que le roi était *entré* dans le *temple de Memphis*, pour la cérémonie du couronnement. C'était donc, à proprement parler, l'*attribut royal*, la coiffure privilégiée du roi, celle qu'il devait prendre dans cette grande solennité. Aussi, je ne doute point que le *Pschent* ne soit désigné par le mot κυνέη, *casque*, dans les deux passages où Hérodote, à propos de Psammitichus (II, 151) et d'Amasis (II, 162), nous représente l'action de se coiffer du χυνέη, comme propre au roi, ou annonçant la royauté.

Alors le mot Ψχέντ ne pouvait être encore adopté par les Grecs ; aussi Hérodote emploie-t-il l'équivalent χυνέη ; mais sous les Ptolémées, le terme égyptien était devenu le terme d'usage, parce que le χυνέη n'avait réellement aucun rapport avec la coiffure égyptienne. A cette époque, bien d'autres mots égyptiens, relatifs à des usages des pays, étaient employés par les Grecs, tels que χολχύτης, στυριόω et autres que les papyrus nous font connaître, comme à l'époque romaine, beaucoup de mots latins, tels que χῆνσος, φίσχος, δηνάριον, λεγίων, χεντυρίων, etc.

(93) La fin de cette ligne peut être suppléée encore avec une certitude complète. Porson lisait : εἰς τὸ ἐν Μέμφ[ει Ἀπιεῖον ὅπως συν]τελεσθῇ; et Villoison ..Μέμφ[ει βασίλειον ὅπως συν]τελ. Ce dernier supplément est inadmissible, et le premier est trop court ; les conditions sont satisfaites, si nous lisons : εἰς τὸ ἐν Μέμφ[ει ἱερὸν, ὅπως ἐν αὐτῷ συν]τελεσθῇ; comme plus haut (l. 8) ἐν τῷ ἐν Μέμφει ἱερῷ.

LIGNE XLV

(94) J'arrive à la dernière circonstance, la plus difficile à entendre.

On doit mettre des *phylactères d'or sur le tétragone des basilics* (ἐπὶ τοῦ περὶ τὰς βασιλείας τετραγώνου, pour ἐπὶ τοῦ τῶν βασιλειῶν τετρ. comme αἱ περὶ τὸ σῶμα ἡδοναί, pour τοῦ σώματος), etc.

Et d'abord qu'est-ce que ce *tétragone* ? Il me semble que ce ne peut être que cette *base*, nécessairement à quatre faces, qui, sur les têtes royales, couronnées de *basilics*, leur tient lieu de support (fig. A).

Remarquons, en effet, que les édicules représentés sur les monuments ayant le toit bombé, comme la tête des personnages royaux, il fallait y placer une base offrant une ligne horizontale, sur laquelle les ornements royaux pouvaient être assujettis.

C'était donc autour de cette base carrée (τετράγωνον) qu'étaient placées les dix basilics; et au-dessus s'élevait le *Pschent* qui les dominait toutes.

(95) La réunion des *basilics*, du *Pschent* et du *tétragone*, constituait un ensemble que l'on désigne ici par le mot βασίλειον (χατὰ τὸ προειρημένον β.)

Ameilhon et d'autres critiques avaient entendu ce mot, βασίλειον, de la *chapelle*, νχός, dont il a été question plus haut. M. Drumann, par une analyse judicieuse (p. 242, 243) avait déjà reconnu que ce mot doit être une expression relative aux *basilics* ou *couronnes*. Champollion lève

toute incertitude à cet égard, en observant que « le texte démotique répète ici le nom du « *Pschent*, et que le texte hiéroglyphique re-« produit la figure de cet ornement. »

Le rédacteur égyptien a donc désigné l'ornement entier par le signe de l'objet le plus remarquable qui en faisait partie ; l'objet même aurait été beaucoup trop compliqué pour former un groupe hiéroglyphique.

(96) Il reste enfin à expliquer cette circonstance qu'on *mettra sur le tétragone des phylactères d'or*, où il sera écrit que *c'est le basiléum du roi, etc.*

Il faut d'abord remplir la ligne. Il est évident, par le commencement de la ligne suivante que, dans la partie enlevée, il était dit qu'on écrirait sur ces phylactères le nom du roi. C'est sur cette idée que sont fondées les diverses restitutions, telles que χρ[υσᾶ ἐν οἷς γραπτὸν ὅ]τι, proposée dans l'*account of the Rosetta stone*, etc. p. 20; et cette autre, proposée par Porson, χρ[υσᾶ ἐν οἷς γεγράψεται διό]τι. La première est décidément mauvaise ; la seconde est très-près de la vérité; le doute peut seulement porter sur les mots, puisque la même idée se rendrait également, et avec presque le même nombre de lettres, par χρ[υσᾶ ἐν οἷς γραφθήσεται ὅ]τι, ou par οἷς ἐγγραφθήσεται ὅτι, ou même par ἐν οἷς ἐγγρ. (comme ἐγγράφειν ἐν ταῖς στήλαις *Corp. Inscr.* I, p. 132, 38); on dirait aussi bien εἰς ἃ ἐγγρ.; enfin, on pourrait employer le 2e futur γραφήσεται, ainsi que l'actif γράψουσιν ou ἐγγράψουσιν, sous-entendu ἱερεῖς, comme devant νενομίχασιν l. 47 et στεφανηφορήσουσιν l. 50. Mais c'est l'actif ou le passif qu'on a dû employer, et non le moyen. En tout cas, il manquerait encore un nombre ; car la pensée n'est pas complète ; du moins, il me paraît peu conforme à l'ensemble de toute cette description qu'on n'ait pas dit *combien* de phylactères seraient ajoutés au tétragone. Il est très-vraisemblable que ce nombre était égal à celui des *basilics*, par conséquent était de dix. Je trouve en effet, dans l'analyse, donnée par Champollion, du texte démotique, que le mot qui répond à φυλακτήρια est suivi du même signe *dix*, qui suit le mot βασιλείας. Le vrai supplément est donc χρ[υσᾶ δέκα οἷς ἐγγραφθήσεται ὅ]τι ἐστὶν τοῦ βασιλέως.

Quant au sens qu'on doit attacher ici au mot φυλακτήριον, il est fort difficile de le définir précisément. On convient que les φυλακτήρια étaient des *amulettes* ou des *préservatifs* contre des malheurs physiques ou moraux. La circonstance que ces *phylactères* doivent être *inscrits* et porter le nom du roi, rapprochée des noms royaux

qui occupent si souvent le dessous des *scarabées*, donne lieu de présumer que ce sont des
scarabées, qu'on a voulu désigner, d'autant plus
qu'il s'en trouve en or et de dorés. S'il est quelque chose de probable sur l'usage de ces objets
sacrés, c'est qu'ils étaient, le plus souvent, des
amulettes ou *talismans*, portés soit en anneaux,
soit suspendus au cou, placés sur le corps des
momies, ou peints sur leur caisse, comme φυλακτήρια, selon l'expression grecque, ou *préservatifs*.

Dans le cas où les *phylactères* dont il s'agit,
seraient réellement des *scarabées*, on les conce-
vrait appliqués, ἐπιτιθέμενοι, sur le *tétragone*, le
dessous tourné en dehors, de manière à montrer
le nom du roi, gravé sur la partie plate. Mais on
peut se les figurer autrement, et par exemple,
comme le montre le dessin ci-dessous (D), exprimant le nom *Ptolémée, toujours vivant, chéri
de Phthas* qui sont les épithètes constamment
données à Épiphane dans l'inscription grecque,
et qu'on retrouve dans le cartouche royal de
la partie hiéroglyphique (l. 6, 12, 14); ils devaient être placés sur les quatre côtes du tétragone, ainsi que les aspics le sont sur le tétragone de la figure (A).

Il se peut que le cartouche fût *double*, c'est-à-
dire qu'il présentât le prénom avec le nom. Dans
ce cas, les dix phylactères avec le nom du roi,
auraient offert dix couples de cartouches au lieu
de dix cartouches simples.

Ces cartouches, simples ou doubles, devaient
être gravés sur une plaque d'or, appliquée au
tétragone; et, puisqu'ils étaient au nombre de
dix, chacun devait correspondre à l'une des *basilies*; comme on le voit dans cette autre figure (E), laquelle, formée de tous les éléments
rassemblés dans les quatre figures précédentes,
représente, à mon sens, le *basiléum* tout entier,
que les prêtres ordonnent de placer sur le *naos*
d'Épiphane.

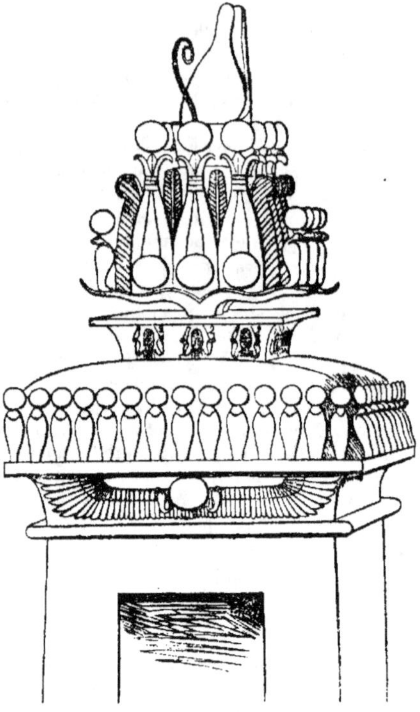

LIGNE XLVI.

(97) *Le pays haut et le pays bas, c'est-à-dire,
la haute et la basse Égypte.*

Le roi est ici désigné comme il ne l'a pas encore été; ce n'est plus βασιλέως τοῦ ... Ἐπιφανοῦς; mais βασιλέως τοῦ ἐπιφανῆ ποιήσαντος τὴν
χώραν. On joue évidemment sur le titre même
du roi, Ἐπιφανής, en rapportant au pays sa propre épithète; et, comme ici elle n'a évidemment
pas d'autre sens que *illustre, éminent, éclatant*,
on peut douter que le surnom *Épiphane* ait,
comme le pensent Visconti (v. note 8), et d'autres savants critiques, le sens de *manifesté, toujours présent*; elle signifie plutôt *très-distingué,
illustre* entre les autres, dans le même sens où
Diodore de Sicile a dit d'Isis et Osiris qu'ils
étaient ἐπιφανέστατοι θεοί (I, 17). En effet,
quand les Latins ont eu à rendre les épithètes
ἐπιφανής et ἐπιφανέστατος, ils ont employé les
adjectifs *nobilis* et *nobilissimus*. Par exemple,
saint Jérôme traduit l'épithète d'Antiochus Épiphane, par *qui Nobilis appellabatur* (Macch. II,
7, 4). Philostorge traduit le titre Νωβελίσσιμος,

par ἐπιφανέστατος (VIII, 8), et Licinnius Salo-
ninus, *Nobilissimus Cæsar*, est appelé, dans
une inscription (ap. Spon, *Misc.* p. 355),
ἐπιφανέστατος Καῖσαρ. Ces exemples, déjà cités par Eckhel (*Doctr. num.* III, p. 225),
tirent une grande force du passage de notre
inscription, et montrent dans quel sens on pre-
nait ce titre d'*Épiphane*, donné aussi à quelques rois de Syrie, de Parthie, de Bithynie
et de Cappadoce.

(98) Τὴν τριακάδα τοῦ Μεσορή. Le texte porte
ΤΟΥΤΟΥ. Mais ce ne peut être qu'une inadvertance du graveur. La même faute existe dans le
décret des Sigéens (l. 26 ap. Chishull, *Ant. As.*
p. 52) où ἱερέως τουτου βασιλέως est par erreur
pour τοῦ βασιλέως. On a écrit aussi ΤΡΙΑΝΑΔΑ
pour ΤΡΙΑΚΑΔΑ. Cette faute n'est remarquable
qu'en ce qu'elle montre que le graveur chargé
d'*écrire* l'inscription n'était pas un Grec; ce que
prouvent également les autres fautes qu'il a
commises, comme ΕΙΞΗΟΡΕΥΟΜΕΝΟΙ (l. 6)
pour ΕΙΣΗ; ΧΟΝΟΥ (l. 23) pour ΧΡΟΝΟΥ;
ΦΙΛΗΠΑΤΟΡΩΝ (l. 37) pour ΦΙΛΟΠ.; ΙΞΡΩΝ
(l. 35) pour ΙΕΡΩΝ; ΑΣΠΙΔΟΕΡΔΩΝ (l. 44)
pour ΑΣΠΙΔΟΕΙΔΩΝ; ΘΥΕΙΑΣ (l. 50) pour
ΘΥΣΙΑΣ etc. Il faut y joindre la confusion perpétuelle des Λ, Α et Δ. Ces fautes, qui altèrent
si profondément la forme et la nature des mots,
et en font des barbarismes intolérables pour une
oreille grecque, annoncent que celui qui les a
commises était étranger à la langue hellénique.
D'autres inscriptions, sans doute, présentent des
fautes de graveur; mais je ne crains pas de dire
qu'elles ont un caractère tout différent; elles
tiennent à la prononciation, à l'orthographe; ce
sont des omissions qu'on n'a pas réparées, pour
ne pas endommager la pierre; mais on peut assu-
rer que jamais un Grec n'a pu écrire, par exemple,
ΤΡΙΑΝΑΔΑ, ni ΙΞΡΩΝ. Il me paraît donc évident que c'est un *Égyptien* qui a tracé l'inscription sur la pierre; et remarquons qu'indépendamment de la nature des fautes, le fait en
lui-même est très-probable. On pouvait difficilement songer à charger un Grec de graver les
hiéroglyphes, et surtout les caractères démotiques, si difficiles à discerner pour un étranger;
on devait prendre un homme du pays; il était
alors tout simple de charger le même graveur
de tracer aussi les caractères grecs, dont les
éléments sont si simples et si faciles à reconnaître.

(99) La célébration annuelle de la naissance
des rois était un usage égyptien. Un fragment
d'Hellanicus de Lesbos fait mention de cette cé-

rémonie sous le règne du prédécesseur d'**Amasis**,
Apriès, qu'il appelle Patarmis, γενέθλια ἐπιτελοῦντι
Πατάρμιδι (ap. Athen. XV. p. 680 c.). Cet usage
existait également dans l'empire Perse, comme
l'atteste Platon: βασιλέως γενέθλια ἅπασα θύει καὶ
ἑορτάζει ἡ Ἀσία (*Alcib.* I, p. 121. C.-cf. Herodot.
I, 133).

(100) La fête des généthlies se célébrait le 30
Mésori; ainsi le roi était né ce jour-là. C'est donc
par un pur hasard que la célébration tombe le 30
Mésori. Il n'y a là aucun de ces rapports astrono-
miques que l'on a rattachés à cette date; de
même, le 17 Méchir, n'étant le jour de l'a-
vénément d'Épiphane que parce qu'il est celui
de la mort de son père, se trouve seulement par
hasard, tomber la veille de l'équinoxe. On ne
peut rien en conclure pour l'époque ordinaire du
couronnement des rois.

La destruction de la fin de cette ligne serait
fort regrettable, puisque nous perdrions par là
une des indications chronologiques les plus importantes, à savoir celle du jour où Épiphane
a reçu la couronne de son père, et par conséquent celui de la *mort même de Philopator*. A la
vérité, nous avons à la l. 8 la date du *décret*
rendu le 18 Méchir à l'occasion du couronnement; et tout indique que la cérémonie a dû
précéder de peu de jours le décret; mais de
combien? c'est ce qui était exprimé dans la
partie détruite.

Heureusement le texte démotique a conservé intact ce passage important. Selon Champollion, l'égyptien porte: «*pareillement, le
XVII de Méchir*, dans lequel on célèbre les
«fêtes de la prise de possession.» Ainsi, en lisant
[τὴν τοῦ Μεχεὶρ ἑπτακαιδεκάτην] ce qui remplit
exactement la place, nous sommes certains d'a-
voir reproduit exactement les mots grecs qui
ont disparu.

Dans son admirable mémoire inédit sur
la *notation hiéroglyphique des années*, *mois*,
jours, *heures*, qui vient d'être si heureu-   *a*
sement retrouvé, ce grand philologue,
par la comparaison des deux textes
hiéroglyphique et démotique, a démon-
tré que, dans le premier, le sculpteur
s'est trompé de signe, en mettant celui
de la végétation, *a*,
au lieu de celui de la récolte *b*; ce qui   *b*
donnerait le mois de Phaophi. Tout ce
qu'il dit à cet égard emporte la con-
viction.

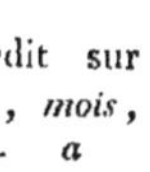

Un argument irréfragable vient à l'appui des raisons philologiques qu'il a

presentées. En effet, si le jour du couronnement eût été le 17 Phaophi, il y aurait eu *quatre mois* d'intervalle entre la cérémonie et le décret rendu à cette occasion, le 18 Méchir (quatre mois après). Mais qui pourrait comprendre que des députations, venues de tous les temples d'Égypte, eussent séjourné à Memphis quatre mois entiers, pour rendre à Epiphane un honneur qui ne pouvait avoir de prix et d'objet que dans le moment même ?

Le texte qui n'établit qu'un jour d'intervalle entre le couronnement (le 17) et le décret (le 18), est donc parfaitement conforme à la vérité. C'est le lendemain même que les prêtres rendent à Epiphane les honneurs qui lui sont dus; et, peu de jours après, ils ont pu retourner chacun dans le temple où il était attaché, vaquer aux devoirs de son état.

Assurément la conjecture de Champollion n'avait pas besoin de cette confirmation nouvelle. Cependant la coïncidence des preuves d'un ordre différent a toujours quelque chose de satisfaisant pour les esprits qui aiment la vérité, et qui savent en discerner les caractères.

Il me paraît bien peu probable que le rédacteur grec ait *rectifié* l'erreur qui se trouvait dans les hiéroglyphes. Puisqu'il donne la vraie date, c'est qu'il n'a pas eu à traduire un texte fautif; l'erreur n'est pas non plus dans le démotique. Ainsi nous pourrions conclure de cette observation que le texte grec est le premier, le démotique le second, et que l'hiéroglyphique a été traduit en troisième sur celui-ci. C'est ce qu'une analyse plus complète de l'un et de l'autre pourra confirmer plus tard. Dans l'incertitude qui les enveloppe encore, il faut signaler tous les indices aux explorateurs, et attirer leur attention sur tous les points obscurs.

LIGNE XLVII.

(101) Le parfait νενομίκασιν (sous-entendu οἱ ἱερεῖς) est à remarquer. Les jours de la naissance et de l'avénement d'Epiphane étaient *déjà reconnus* pour *éponymes*, c'est-à-dire, qu'ils portaient le nom du roi; mais, à dater du couronnement, ils seront désormais célébrés par *une fête et une panégyrie*.

Quant à l'expression *jours éponymes* et à l'usage qui s'y rattache, les inscriptions de Dendéra et des Cataractes, ainsi que mon commentaire à ce sujet (dans les *Recherches pour servir*, etc., p. 168 et 383) l'ont, je crois, suffisamment éclaircie. Ces jours portaient le nom du roi, de même que chez nous ceux des saints; et, comme le nombre de ces

consécrations devait être fort considérable, les mêmes jours pouvaient porter différents noms dans divers temples; c'est ainsi qu'à prendre les diverses parties du monde catholique, il y a plusieurs saints fêtés le même jour.

Ces deux jours sont le principe, la cause de tout bien, αἱ δὴ π. ἀγ. ἀρχηγοί. Le δή n'est pas inutile, il donne une force plus grande à cette flatterie. L'emploi de l'adjectif ἀρχηγός, au lieu de αἴτιος est une élégance qui se retrouve dans le style de Polybe (v. *Lex. Polyb.*) et des Septante (v. Schleusner I, 452). L'emploi de ce mot appliqué à une *chose*, non à un *homme*, dans le sens de *cause*, de *principe*, a une teinte poëtique. Euripide a dit de même κακῶν ἀρχηγὸν ἐκφαίνεις λόγον (*Hippol.* v. 881, ibique Valckenaer.). Platon avait déjà employé les deux adjectifs τὸ ... αἴτιον καὶ ἀρχηγὸν αὐτῶν εἶναι τὸ ὠθοῦν (*Cratyl.* p. 401 D); ce que Polybe a redit plus tard, en mettant ἀρχηγός le premier (I, 66, 10). La gradation des idées est mieux observée dans l'ordre contraire.

Ces mêmes jours. L'égyptien dit, selon Champollion: « ces jours, le XXX et le XVII (*Gramm. Égypt.* p. 186). » L'adjectif *mêmes* est remplacé par le *nombre* répété encore une fois, apparemment pour plus de clarté.

(102) Le supplément, proposé par Porson, ἑορ[τὴν καὶ πανήγυριν ἐν τοῖς κατ' Αἴ]γυπτον ἱεροῖς ne laisse aucun doute : outre que cette restitution est appelée par le sens, l'égyptien montre que la lacune était ainsi remplie; car il porte : « On a « solennisé ces jours le XVII et le XXX par une « *panégyrie, chacune dans son mois*, dans tous les « temples de l'Égypte. »

Des deux idées de *fête* et de *panégyrie*, le rédacteur égyptien n'a rendu que la dernière. Il aura pris sur lui de retrancher l'autre, la croyant comprise dans celle de *panégyrie*. Encore ici, il est peu probable que l'addition soit du fait du rédacteur grec.

La différence principale consiste dans l'idée : *chacun dans son mois*, que dit l'égyptien, selon Champollion, au lieu de *chaque mois*, κατὰ μῆνα, que dit le grec.

L'expression κατὰ μῆνα n'est susceptible que d'un seul sens. Comme κατ' ἐνιαυτόν, *chaque année*, et καθ' ἡμέραν, *chaque jour*, κατὰ μῆνα ne peut signifier que *chaque mois*; c'est notre *par mois*. Citer des exemples à propos d'une chose si claire est parfaitement inutile. D'ailleurs, s'il ne s'était agi que de fêter le 17 Méchir et le 30 Mésori, l'addition *chacun dans son mois* serait absurde. On ne la comprend bien que dans le cas, où, pour honorer les *deux jours*, on les fête *chaque mois*, c'est-à-dire, que le 17 et le 3o de *chaque mois* seront célébrés. L'hésitation de Heyne et de M. Drumann (p. 252) sur ce point n'est pas motivée. Ainsi la *fête* et la *panégyrie* en l'honneur d'Epiphane doivent se célébrer *vingt-quatre fois* par an. La différence est donc encore ici tout à l'avantage du grec. Il est clair que le rédacteur égyptien n'a pas compris la locution κατὰ μῆνα.

LIGNE XLVIII.

(103) La réunion des deux mots θυσίας καὶ σπονδάς se trouve encore plus bas (l. 5o) ainsi que dans l'inscription des Cataractes (l. 12 v. mes *Rech.* p. 345) et toujours dans le même ordre. Philon de Byblos, ou le prétendu Sanchoniathon, dit χοὰς καὶ θυσίας (ap. Euseb. *Præp. Ev.*, 3, p. 36, B). Cette réunion se trouve ailleurs, mais dans un ordre différent ; Hérodien : σπονδαῖς δὲ μᾶλλον καὶ θυσίαις σχολάζειν (VIII, 3, 5).

(104) Au lieu de « et toutes les autres choses « d'usage, *comme dans les autres panégyries* » l'égyptien dit : toutes les autres choses *pratiquées dans ces panégyries* (Champ. *Gramm. Égypt.* p. 186). L'idée de l'Égyptien est incomplette : celle qu'exprime le grec l'est moins. La même locution se trouve à la ligne 4o : τἆλλα τὰ νομιζόμενα συντελεῖν, καθὰ καὶ τοῖς ἄλλοις θεοῖς.

(105) La lacune de cette ligne est bien difficile à remplir. On a proposé beaucoup de conjectures. Heyne : προθέ[σεις σὺν ἄλλοις τοῖς πα]ρεχομένοις. Porson : προθέ[σεις διδόναι τοῖς ἱερεῦσιν τοῖς πα]ρεχομ. d'autres : προθε[σμίας ἑορτὰς μετὰ θυσιῶν καὶ σπονδῶν πα]ρεχ. Mais aucune n'est satisfaisante ; j'en pourrais produire d'autres qui ne le seraient pas davantage. L'interprétation de l'égyptien, donnée en cet endroit par Champollion, étant vague et ne fournissant aucun secours, j'aime mieux m'abstenir, que de donner une conjecture vaine qui pourrait n'être qu'une idée fausse.

(106) Le rédacteur emploie constamment ἄγειν ou ἄγεσθαι avec l'idée de *fête* (l. 46, 47, 49, 52) ; et συντελεῖν avec τὰ νομιζόμενα ou bien avec θυσίας et σπονδάς (l. 4o, 48, 5o, 52) ; c'est une nouvelle preuve de la propriété des termes qui distingue cette rédaction.

LIGNE XLIX.

(107) Outre ces 24 fêtes, on en institue une plus solemnelle *tous les ans*, κατ' ἐνιαυτόν, une fête annuelle, ἐπέτειος ou ἐπετήσιος ἑορτή , laquelle se célébrera pendant *cinq jours de suite* , à partir du 1ᵉʳ Thoyth. Ἐφ' ἡμέρας πέντε, pour signifier *pendant cinq jours (per quinque dies)* est une expression fort correcte, puisqu'on la trouve déjà

dans Thucydide (*Thes. ling. Gr. T. IV*, p. 481. D. ed. Didot.). On aurait pu dire aussi ἄγειν δὲ ἑορτὴν καὶ πανήγυριν πενθημέρους.... ἀπὸ τῆς νουμηνίας... comme l'auteur des lettres de Platon a dit : Οὖσαι θυσίαν τινὰ δεχήμερον (*Epist.* VII, p. 349 D). Heyne remplit la lacune de la fin en lisant κατ' ἐνι[αυτὸν κατὰ πᾶσαν τὴν] χώραν ; supplément beaucoup trop court. Porson est bien préférable : κατ' ἐνι[αυτὸν κατὰ τήν τε ἄνω καὶ τὴν κάτω] χώραν ; c'est la même idée ; mais du moins la place est remplie exactement. Toutefois l'égyptien ne favorise ni l'une ni l'autre. Selon Champollion , il porte : « dans les « temples de l'Égypte entière pour le roi.... « chaque année », ce qui suppose qu'il y avait dans le grec κατ' ἐνι[αυτὸν ἐν τοῖς ἱεροῖς τοῖς κατὰ τὴν] χώραν, ce qui donne les 27 ou 28 lettres nécessaires pour remplir la lacune.

LIGNE L.

(108) *Depuis la néoménie de Thoyth.* Je remarque que, dans tous les papyrus et les inscriptions, on rencontre l'orthographe Θωύθ, non Θώθ. C'était, en effet, la véritable, qu'on retrouve encore dans le copte ⲐⲰⲞⲨⲦ.

Ce passage n'a pas été bien compris. Le grec signifie simplement que la fête se célébrera *pendant cinq jours à partir du* 1ᵉʳ *Thoyth*. Pourquoi cette époque plutôt que toute autre ? Est-ce parce que le commencement de l'année était une époque plus particulièrement solennisée ?

En insistant sur le mot *néoménie*, on a cru qu'il s'agissait du 1ᵉʳ jour de la lune, jour de fête chez les Grecs (Ameilhon, p. 101, Drumann, p. 255). Mais la *nouvelle lune* n'a rien à faire ici. Le *Thoth* ou *Thoyth*, comme tous les mois de l'année solaire vague égyptienne, ne pouvait , que par le plus grand des hasards, commencer à la *nouvelle lune*. Le rédacteur grec a donc tout simplement exprimé le *premier du mois*, par un nom grec qui n'avait de sens que dans son propre calendrier ; c'est ainsi que Ptolémée dit la *néoménie des Epagomènes* — pour le 1ᵉʳ *des Epagomènes* (*Almag.* III, 1. p. 315 Halm.) et la *néoménie de Thoth*, pour le 1ᵉʳ (VI, 12, p. 874 ; v. mes observ. dans le *Journal des Savants*, 1818, p. 267) Ceci est encore un indice que la rédaction primitive est grecque ; dans l'hypothèse où le grec aurait été écrit après l'égyptien, celui-ci exprimant le quantième par *le premier*, le rédacteur grec n'aurait pas été chercher le mot *néoménie*.

Autre observation à faire : à l'exception de la date du décret, le calendrier macédonien ne paraît plus nulle part dans l'inscription. En effet, les rapports compliqués et nécessairement variables des deux calendriers ne permettaient pas d'établir une concordance fixe, à moins de désigner l'année ; dans l'indication générale des jours à fêter, il était nécessaire de choisir l'un ou l'autre. Or, les cérémonies devant être célébrées par des prêtres égyptiens dans leurs temples, c'était leur calendrier qu'il fallait employer. Nulle équivoque ne pouvait alors exister pour eux.

(109) Dans cette fête annuelle, outre les sacrifices et les libations, qui ont lieu aux autres fêtes, on fera une cérémonie particulière, à laquelle il paraît qu'on attachait de l'importance, puisqu'on prend la peine de l'exprimer, ἐν αἷς καὶ στεφανη-φορήσουσιν. Ameilhon a déjà cité le passage ana-logue du décret des Sigéens : ὅταν δὲ ποιῶσι θυσίας, στεφανηφορείτωσαν (l. 30, 31, ap. Chish., *Ant As.* p. 52). Il semble donc que ce soit là une cérémonie grecque, insérée au milieu de toutes ces pratiques égyptiennes. En effet, sur aucun monument égyptien, on n'aperçoit rien qui ressemble à une *couronne*, comme l'enten-dent les Grecs, soit portée à la main, soit mise sur la tête, et par conséquent rien qui ressemble à ce qu'ils appelaient στεφανηφορία. Il se pourrait que, pour le culte des Ptolémées au moins, on eût ajouté une cérémonie grecque à toutes les pratiques égyptiennes ; cela n'aurait rien que de vraisemblable. Mais cette cérémonie est bien plus ancienne en Égypte. Le remarquable passage déjà cité d'Hellanicus de Lesbos (5° siècle avant J. C) nous montre l'usage des *couronnes de fleurs*, dans les fêtes des *Généthlies*, sous le pré-décesseur d'Amasis, Apriès, (ap. Athen. XV, p. 680. B). Serait-ce là un usage déjà emprunté à la Grèce, ce qui n'aurait rien d'étonnant à cette époque ? En tout cas, la στεφανηφορία, dans les fêtes célébrées lors de la naissance des rois d'Égypte, est sans nul doute une cérémonie bien antérieure aux Ptolémées.

Le signe qui, dans l'inscription hiéroglyphique, correspond au mot στεφανηφορήσουσιν, selon l'a-nalyse de Champollion, est une espèce de rameau à *cinq* branches tout à fait analogue à celui qui exprime la végétation dans la notation des mois (plus haut note 100), excepté que les branches en sont courbes et un peu couchées ; ce signe est surmonté d'une sorte de *nœud* entrelacé.

La réunion des deux signes exprime très-bien la double idée que présente le mot *couronne* , celle de *fleurs* et celle d'*entrelacer*, ἄνθη πλεκό-μενα ; comme dit Hellanicus : στεφανὸς , ὃν ἔπεμψεν , (ἐξ) ἀνθέων πλεξάμενος τῇ ὥρᾳ περικαλ-λεστάτων.

(110) Le supplément que je propose pour la fin de cette ligne, au lieu de celui qu'a proposé Porson, donne un sens complet et satisfaisant.

LIGNE LI.

(111) Le sens de καταχωρίσαι, sur lequel on s'é-tait mépris, a été parfaitement expliqué par Vil-loison, à l'aide d'exemples convaincants, tirés des auteurs Alexandrins (cf. Sturz, *de dial. maced.* p. 174, 175). Le mot χρηματισμός est égale-ment fort connu dans le sens d'*actes publics*, de *décisions émanées de l'autorité compétente* (*Rech. sur l'Égypte* etc. p. 331. Peyron, *ad Pap. Tau-rin.* I, p. 91). Quant au mot qui vient après, et dont la première lettre, la seule conservée, est un A un Λ ou un Δ, la conjecture de Porson δειγματισμούς est douteuse, le mot n'existant pas dans le sens qu'on est forcé de lui donner ici, et ayant été pris (l. 30) dans un sens tout différent. C'était à coup sûr un substantif masculin, ayant une signification analogue à χρηματισμούς. Mais je n'en trouve pas qui convienne. Un autre sera peut-être plus heureux.

Le supplément entier de Porson, καὶ εἰς τοὺς δ[ειγματισμοὺς τοὺς ἀνήκοντας εἰς τὴν] ἱερα-τείαν αὐτοῦ, pèche en ce point que καταχωρίσαι n'y a point de régime ; ce régime ne peut être que ἱερατείαν ; et l'expression καταχωρίσαι εἰς τοὺς χρηματισμοὺς καὶ τοὺς ἄ[λλους...] τὴν ἱερατείαν veut dire que l'on *consignera la mention de son sacerdoce* dans les actes etc.; ce qu'on aurait pu exprimer aussi de cette manière : τὴν ἱερατείαν αὐτοῦ εἰς τοὺς χρημ.... ἀναφέρεσθαι ou ἀνοισθήσεσθαι, comme Por-phyre a dit de Ptolémée Philométor et d'Évergète II, τῶν χρηματισμῶν ἀναφερομένων εἰς ἀμφοτέρους (ap. *Euseb. Chron.* p. 225, l. 32).

La locution τῶν θεῶν, ὧν ἱερατεύουσι est très-bonne, ὧν étant régime de ἱερατεύω , puisqu'on dit bien ἱερατεύειν τινός (θεοῦ) ; sans qu'il soit nécessaire de voir ici un cas d'attraction, non plus que dans τῷ θεῷ, ᾧ ἱεράτευε d'Hérodien. (V, 6, 6).

LIGNE LII.

(112) Ἐξεῖναι δὲ τοῖς ἄλλοις ἰδιώταις. Le mot ἰδιῶται est placé en opposition avec ἱερεῖς. Le ré-

dacteur veut parler de *ceux qui ne sont pas prêtres*. L'adjectif ἄλλοις ne doit pas faire supposer que ceux qui précèdent étaient aussi des ἰδιῶται. Cet emploi de ἄλλος, qui se trouve dans les meilleurs auteurs, a été expliqué plusieurs fois (voy. mon *Appendice aux Lettres d'un Antiquaire*, p. 84); en ce cas, il y a une syllepse, qui peut ainsi se résoudre : ἐξεῖναι τοῖς ἄλλοις (ἀνθρώποις) ἰδιώταις (οὖσι). L'idée exprimée par παρ' αὐτοῖς est rendue en hiéroglyphes par les mots, *dans leur maison* (Champoll. *Gramm. égypt.*, etc. p. 278).

Ce trait est curieux, en ce qu'il montre que chez les Égyptiens, les simples particuliers (ἰδιῶται) ne pouvaient *sans permission* élever et conserver chez eux des chapelles portatives, ni faire les cérémonies qui s'exécutaient dans les grands temples.

En Grèce, les gens superstitieux étaient enclins au culte particulier et intérieur. Il suffit de rappeler Théophraste qui nous représente le superstitieux élevant une chapelle (ἱερὸν ἱδρύσασθαι), dans sa maison (*Charact.* XVI). Les législateurs ont regardé cet usage comme un abus, et ont senti la nécessité de le réformer. Platon, dans les Lois (X. p. 909, 910), blâme les personnes qui, dans l'espoir d'apaiser les dieux, élèvent des autels et des chapelles (βωμοὺς καὶ ἱερά) au sein de leurs maisons; il en démontre les inconvéniens, et il propose cette loi : *Que personne n'ait de chapelle dans les maisons particulières; mais qu'on aille sacrifier aux temples publics*, etc. (ἱερὰ μηδὲ εἷς ἐν ἰδίαις οἰκίαις ἐκτήσθω...). La loi des Douze Tables disait de même : *Separatim nemo habessit deos*, etc.

Il résulte évidemment de notre passage que la même interdiction existait en Égypte. Si la chose n'eût pas été défendue, il aurait été inutile de la permettre en cette occasion, et seulement à l'égard de l'édicule du roi; car il est bien entendu qu'il ne s'agit que de l'édicule susdit, καὶ τὸν προειρημένον ναόν. L'égyptien se contente du démonstratif « il est permis d'ériger *cette* cha-« pelle consacrée au dieu Épiphane » (Champ. *Gramm. égypt.* p. 185, 199 et 518).

Et encore, les prêtres mettent-ils une condition à la permission qu'on accorde. Cette condition est annoncée par les lettres συντελου, à savoir συντελοῦντας, comme lit Porson, ou συντελοῦσι que je préfère, avec un régime que Porson supplée ainsi : τὰ προσήκοντα νόμιμα ἐν ταῖς ἑορταῖς, ταῖς κατ' ἐνιαυτόν. C'est bien là le fond de l'idée; mais les mots étaient autres; il y avait, outre l'idée d'*année*, celle de *mois*, comme le prouve

le passage correspondant du texte hiéroglyphique, passage grammaticalement analysé par Champollion : *célébrer ces fêtes, chaque mois, chaque année* (Gramm. égypt. p. 314). Dès lors, la lacune devait être remplie de cette manière : συντελοῦ[σι τὰ νόμιμα ἐν ἑορταῖς ταῖς τε κατὰ μῆνα καὶ τα]ῖς κατ' ἐνιαυτόν.

Ainsi les particuliers, ἰδιῶται, auront la permission d'avoir chez eux l'édicule du roi; mais ils seront tenus d'accomplir tout ce qui est prescrit dans les fêtes, tant *mensuelles* qu'*annuelles*, indiquées plus haut; car l'édicule ne doit point rester inutile; le possesseur doit le sanctifier par une conduite religieuse : et c'est ainsi que Platon défend d'avoir dans sa maison des *chapelles*, par la crainte que le possesseur ne se livre à quelque acte irréligieux ou déshonnête, ou ne s'en serve pour couvrir ses délits. En ce cas, Platon veut que la *chapelle* soit transportée dans le temple public, εἰς τὰ δημόσια ἀποφέρειν τὰ ἱερὰ τὰ ἴδια (*Legg.* X. p. 910). Il considérait donc ces chapelles comme des παστοί, ou *édicules portatifs*, tels qu'étaient les édicules égyptiens. Il est vraisemblable que, dans la pensée du rédacteur du décret, la permission eût été retirée, si les cérémonies religieuses n'eussent pas été dûment accomplies.

La grande analogie de cette prescription du philosophe grec avec le passage de notre décret, me fait conjecturer qu'il s'agit d'une antique loi que Platon a connue en Égypte, et dont il avait senti la justice et l'utilité.

LIGNE LIII.

(113) Ici, comme à la ligne 38, le rédacteur a préféré la forme αὔξω à αὐξάνω, qui est plus usitée. Αὔξειν ou αὐξάνειν τινά pour dire, *élever quelqu'un*, ὑψοῦν, augmenter ses honneurs, rendre sa position plus belle, est du style des Septante : ὅτι ηὔξησέ με ὁ θεός (*Gen.* XLI, 52), où le *Codex Alexandrinus* emploie le verbe ὑψοῦν (V. Schleusner, I, p. 494).

La fin de la ligne se remplit avec toute certitude par les mots que Porson a suppléés. La formule est connue et constante. Toute l'incertitude consiste à savoir s'il y avait ἐν στήλῃ, εἰς στήλην ou ἐπὶ στήλην, avec ou sans l'addition de ἐκ devant στερεοῦ λίθου, ces locutions étant également usitées. Dans la stèle de Turin, on lit : .... τόδε ψήφισμα ἀναγράψαι ἐπὶ στήλην λιθίνην τοῖς τε ἑλληνικοῖς καὶ ἐγχωρίοις γράμμασι; cela est parfaitement analogue à ce qui se lit sur la pierre de Rosette. La stèle porte en effet deux inscriptions, la première *démotique*, entièrement effacée, la seconde en *grec* : comme dans l'inscription de Rosette, les caractères démotiques y sont appelés ἐγχώρια γράμματα, non ἐπιχώρια, ce qui serait cependant le mot propre, s'il fallait s'en tenir aux distinctions subtiles, trop souvent chimériques des grammairiens (cf. Bekker. *Anecd. gr.* p. 187. 25 ; 259, 18. Une remarque à faire, c'est que les caractères grecs sont nommés les *premiers*, quoiqu'ils ne viennent qu'en second. Dans l'inscription de Rosette, au contraire, les textes sont nommés dans l'ordre où ils sont rangés sur la pierre, *sacrés*, *locaux* et *grecs*. Pourquoi n'est-il fait mention sur cette stèle que de deux seuls caractères, *grecs* et *démotiques* ? c'est, d'une part, que les auteurs du décret ne sont pas seulement les prêtres de Diospolis, mais aussi les magistrats civils et tous les habitants ; et de l'autre, que le sujet n'a rien de religieux, puisqu'il s'agit de conférer des honneurs civils à un particulier.

Porson avait ajouté μέλανος devant στερεοῦ λίθου; mais l'idée de *noire* n'est pas dans l'égyptien; il n'y a que celle de *dure*, comme sur la stèle de Turin, ἐκ σκληροῦ λίθου (l. 28). Il ne manque qu'un σ au commencement de la ligne 54, et peut-être ἐκ ; mais je crois que la cassure de la pierre, en cet endroit, existait déjà, et qu'elle a obligé de commencer cette dernière ligne un peu en retraite des autres.

LIGNE LIV.

(114) La fin de cette ligne ne pouvait être restituée complétement, sans le secours du texte hiéroglyphique.

Ce qu'il y a de certain d'abord, c'est l'idée que la stèle sera *placée*, soit *dans chacun des temples des dieux du premier, second et troisième ordres*, ἐν ἑκάστῳ τῶν τε πρώτων καὶ δευτέρω[ν καὶ τρίτων ἱερῷ] comme avait lu Porson (mais, en ce sens, il faudrait mettre θεῶν avant ἱερῷ); soit *dans chacun des temples du premier, du second et troisième ordres*, en lisant τρίτων ἱερῶν. Il serait assez difficile de se prononcer entre ces idées, qui peuvent également ressortir des éléments conservés; la première serait appuyée par le passage d'Hérodote, où cet historien parle des trois ordres de dieux, τῶν πρώτων θεῶν, τῶν δευτέρων, τῶν τρίτων (Herod. II, 145); ce qui est répété par Plutarque (*de Malign. Herod.* p. 857; T. IX, p. 403 Reisk.).

Sans le texte hiéroglyphique, on se déciderait pour cette explication; car on ne pourrait guère invoquer, en faveur de l'autre,

que ce passage de Platon qui semble distinguer trois ordres de temples : τρεῖς (ταμίας) εἰς τὰ μέγιστα ἱερὰ, δύο δ' εἰς τὰ σμικρότερα, πρὸς δὲ τὰ ἐμμελέστατα (forsan εὐτελέστατα) ἕνα (*Legg.* VI, 7, p. 760, a); ce qui peut être étranger à l'Égypte.

Les deux idées se confondent réellement dans une seule : car l'ordre, le *rang* des temples ne résulte-t-il pas nécessairement de celui des *dieux*? en sorte que les *premiers*, les *seconds*, les *troisièmes* temples, ne seraient rien autre chose que les temples des *premiers*, *seconds*, *troisièmes* dieux. La seule importance qu'on puisse attacher à l'une ou à l'autre de ces deux expressions, c'est de savoir quels termes grecs (τῶν τρίτων θεῶν ἱερῷ ou τῶν τρίτων ἱερῶν) le rédacteur avait adoptés.

En tout cas, la ligne n'est pas remplie par les mots τῶν τρίτων ἱερῶν; il y a encore une lacune d'une trentaine de lettres.

D'après son analyse manuscrite, Champollion lit ainsi les hiéroglyphes de la fin « (qu'on place la stèle) *dans les temples premiers, seconds, troisièmes, auprès de* (au-dessus, il est écrit de sa main, au crayon, *où sera*) *l'image sacrée du roi vivant pour toujours.* » Dans sa Grammaire, la phrase est ainsi analysée, signe par signe,.. *dans les temples du premier, second, troisième ordres, où sera l'image en pied du roi* (p. 239). La seule incertitude consiste dans le sens des mots *où sera*, ou bien *auprès de* : si cela veut dire *dans lesquels sera l'image du roi*, il s'ensuivra que l'on ordonne de placer la stèle dans *ceux des temples..... où l'on aura sculpté l'image du roi*, auquel cas la lacune du grec devra être remplie par les mots : .. ἱερῶν, ἐν οἷς ἐστήξεται ἡ τοῦ βασιλέως εἰκών. Mais ce sens me paraît difficilement admissible; car, comme il est dit plus haut que cette image doit être placée dans *chaque temple* de l'Égypte (l. 38), sans exception, l'addition serait parfaitement inutile. C'est donc l'autre sens qu'il faut choisir : *où sera*, c'est-à-dire *à l'endroit où sera l'image*; ou, comme Champollion l'avait d'abord exprimé, *auprès de l'image*. De cette manière, l'idée est complète. On avait le soin d'indiquer quelle serait dans les édifices la place où l'on mettrait les stèles : quelquefois on se contentait de dire vaguement : ἐν τῷ ἐπιφανεστάτῳ τόπῳ ; quelquefois aussi, on indiquait le lieu avec précision; ainsi, dans l'inscription de la stèle de Turin, il est dit que cette stèle sera placée sur le soubassement du temple [στῆσαι δὲ τὴν στήλην ἐπὶ] τῆς κρηπῖδος τοῦ ἱεροῦ (l. 31). Ici, on indique que la stèle, qui consacre les honneurs rendus au roi, sera placée près de

son *image* qui elle même doit l'être ἐν τῷ ἐπιφανεστάτῳ τόπῳ (l. 38). Il ne saurait donc y avoir
de doute sur le complément πρὸς τῇ τοῦ αἰωνοβίου
βασιλέως εἰκόνι, qui remplit exactement la ligne.
Le rédacteur égyptien a mis ici le cartouche entier
de Ptolémée, où sont exprimées, outre son nom,
les épithètes αἰωνοβίου, ἠγαπημένου ὑπὸ τοῦ Φθᾶ
(*Gr. égypt.* p. 510). Le rédacteur grec aurait
ajouté ces épithètes, si la place l'eût permis;
mais il n'a pas voulu recommencer une autre
ligne pour deux mots qui se trouvaient déjà
tant de fois dans le corps de l'inscription.

Je terminerai ce commentaire en disant que
les *stèles*, contenant de tels décrets, ont dû être
extrêmement multipliées; puisqu'il est prescrit
de déposer un exemplaire de celle-ci *dans chacun des temples de l'Egypte*; et la preuve
que l'ordre a été mis à exécution, c'est que
notre *pierre* a été trouvée à Rosette, à près de
quarante lieues de Memphis, très-certainement
sur l'emplacement d'un ancien temple, où elle
avait été déposée, conformément aux prescrip-
tions du décret. Il a dû en être de même de
toutes les autres stèles ayant le même caractère; et, quoique une multitude infinie de ces monuments ait été détruite, par l'usage qu'on en a
fait dans la bâtisse, il doit en rester encore un
grand nombre cachés sous les couches du limon
du Nil.

On en connaît déjà au moins quatre, outre celle
de Rosette; à savoir: 1° la pierre dite de Menouf,
découverte dans une mosquée de cette ville par
MM. Dubois Aymé et Jollois, laquelle porte une
double inscription, *démotique* et *grecque* (*Descr.
de l'Ég. État mod.* t. II , p. 98); et elle existe
peut-être encore dans ce même lieu; 2° la pierre,
couverte d'une triple inscription, trouvée en
1800, dans une mosquée du Caire, par M. Ca-
ristie (*Descr. de l'Ég. Ant. Mém.*, t. II, p. 144);
c'est celle qui a fait ensuite partie de la collection
de M. Mimaut, et dont le Musée du Louvre
vient de faire l'acquisition; par malheur, les lettres en sont tellement effacées, qu'il est impossible d'y lire autre chose que quelques mots isolés
(V. Dubois, *Catalogue de la collection Mimaut*,
p. 41); ils suffisent cependant pour montrer
que le monument n'est pas une répétition de
celui de Rosette; 3° la stèle de Turin citée plus
haut; 4° celle de Busiris, où le texte grec a
dû être suivi d'une inscription hiéroglyphique
(*Recherches*, etc., p. 392, 409).

L'existence de ces cinq inscriptions *bilin-
gues*, à deux ou trois espèces de caractères, doit
donner l'espoir que des fouilles bien dirigées
dans le sol des anciens temples amèneront tôt
ou tard la découverte de quelqu'une de ces
inscriptions doubles ou triples, dont l'étude
comparée conduirait à déchirer tout à fait le
voile que notre illustre Champollion a si heureusement soulevé

TABLE

DES MOTS GRECS,

ET DES

PRINCIPAUX FAITS EXPLIQUÉS.

N. B. *Les chiffres se rapportent aux notes.*

ADDITION. — L. 3. On a déjà remarqué que les mots καθάπερ ὁ Ἡφαιστος, et ὃν ὁ Ἡφαιστος ἐδοκίμασεν se rapportent au culte d'Héphæstos ou de Phthas établi à Memphis. On doit, je pense, tirer la même conclusion de la triple mention de Ἡλιος faite au même endroit, καθάπερ ὁ Ἡλιος, puis ᾧ ὁ Ἡλιος ἔδωκεν τὴν νίκην, et enfin υἱοῦ τοῦ Ἡλίου. Ces trois circonstances feraient présumer qu'il existait à Memphis un temple d'*Hélios* ou de *Phré*, quand même il ne résulterait pas de l'inscription de Busiris qu'en effet ce temple était un de ceux et peut-être le principal de ceux qui se trouvaient dans le voisinage des Pyramides (v. mes *Recherches*, p. 405

```
ΓΑ ΚΑΙ ΤΑΜ ΡΟΣ ΤΟΥΣ
ΚΕΩΣ ΚΑΘ ΛΜΕΡ ΟΗΛΙΟΣ
ΣΙΣΗΛΙΟ ΥΠ ΤΟ ΛΕΜΑΙΟΥ
ΤΗ ΦΙΛΟΠΛΤΟΡΩΝ ΚΑΙ
ΛΠΛ ΤΟΡΟΣ ΕΙΡΗΝΗΣ
ΛΙΤΟΝΣ ΤΟΛΙΕΜΟΝ ΤΩΝ
ΝΙΕΛ ΛΗ+ΕΩΣ ΤΗΣ
ΤΟΥΙΕΡΑΙ ΤΑΥΤΗΙΕΙ ΠΛΝ
ΩΥ ΓΕ ΤΗΚΕΝ ΤΛΘΙΕΡΑ ΚΑΙ
ΩΙ ΟΣΙΡΕΙ ΤΑΠΡΟΣ ΟΕΟΥΣ
ΟΜ ΛΙΕΡΑΚΑ ΤΛΣ ΤΗΣΑΣΘΑΙ
ΟΙΛΛΛΟΙΠΑΝΤΕΣ ΕΝ
ΛΟΙ ΥΣΕΝ ΤΑΙΣ ΦΥΛΑΚΛΙΣ
ΡΤΟΝΣΥΝ ΤΑΞΕΙΣ ΣΙΤΙ
ΠΤΟΥΠΑΤΡΟΣ ΑΥ ΤΟΥ
ΟΝ ΔΕΚΛΙ ΤΟΥΣΕΚ ΤΩΝ
Τ ΕΝ ΤΟΙΣ ΙΕΡΟΙΣ ΒΥΣΣΙΝΩΝ
ΚΑΤΛΙ ΤΟΙΞΘΕ ΟΙΣ ΚΑΤΑΤΟ
ΛΕΝΑΛΛΩΝ ΤΩΝ ΑΛΛΟΤΡΙΛ
ΩΣΣ ΕΠΙΤΟΥΣ ΕΠΕΛΘΟΝΤΑΣ
ΛΕΙΛΙΩΣΙΝ ΠΑΡΑΓΙΝΟΜΕ
ΣΗΙΩΣΑΝ ΕΚΠΟΛΛΟΥ
ΕΥ ΤΕ ΤΕΛΕΣΜΕΝΟΙ ΚΑΙΑΝ
ΟΥΚΑΤΑΚΑΥ ΣΕΙΝ ΤΑ
ΤΞΟΥΣ ΠΡΟΣ ΤΗΙ ΦΥΛΑΚΗΙ
ΛCΓΟ ΤΟΥΣ ΕΝ ΤΟΙΣΛΥΤΟΙΣ
ΛΓΕΙΣ ΜΕΜΦΙΝ ΕΠΑΜΥΝΩΝ
ΣΛΦΗΚΕΝ ΔΕ ΚΑΙ ΤΑΕΛ
ΕΛΙΛΙΚΟΝ ΒΥΣΣΙΝΩ ΝΘΟ
ΗΠΕΛΙ ΤΙΔΟΣ ΟΜΟΙ
```

ΒΑΣΙΛΕΥΟΝΤΟΣΤΟΥΝΕΟΥΚΑΙΠΑΡΑΛΑΒΟΝΤΟΣΤΗΝΒΑΣΙΛΕΙΑΝΠΑΡΑΤΟΥΠΑΤΡΟΣΚΥΡΙΟΥΒΑΣΙΛΕΙΩΝΜΕΓΑΛΟΔΟΞΟΥ
ΘΕΟΥΣΕΥΣΕΒΟΥΣΑΝΤΙΠΑΛΩΝΥΠΕΡΤΕΡΟΥΤΟΥΤΟΝΒΙΟΝΤΩΝΑΝΟΡΩΠΩΝΕΠΑΝΟΡΟΩΣΑΝΤΟΣΚΥΡΙΟΥΤΡΙΑΚΟΝΤΑΕΤΗΡ
ΜΕΓΑΣΒΑΣΙΛΕΥΣΤΩΝΤΕΑΝΩΚΑΙΤΩΝΚΑΤΩΧΩΡΩΝΕΚΓΟΝΟΥΘΕΩΝΦΙΛΟΠΑΤΟΡΩΝΟΝΟΝΗΦΑΙΣΤΟΣΕΔΟΚΙΜΑΣΕΝΩΙΟΗΛΙΟΣΕΔΩΚ
ΑΙΩΝΟΒΙΟΥΗΓΑΠΗΜΕΝΟΥΥΠΟΤΟΥΦΟΛΕΤΟΥΣΕΝΑΤΟΥΕΦΙΕΡΕΩΣΑΕΤΟΥΤΟΥΑΕΤΟΥΑΛΕΞΑΝΔΡΟΥΚΑΙΘΕΩΝΣΩΤΗΡΩΝΚΑΙΘΕ
ΘΕΟΥΕΠΙΦΑΝΟΥΣΕΥΧΑΡΙΣΤΟΥΑΘΛΟΦΟΡΟΥΒΕΡΕΝΙΚΗΣΕΥΕΡΓΕΤΙΔΟΣΠΥΡΡΑΣΤΗΣΦΙΛΙΝΟΥΚΑΝΗΦΟΡΟΥΑΡΣΙΝΟΗΣΦΙΛΑΔΕΛΦΟΥΑΡΙ
ΤΗΣΠΤΟΛΕΜΑΙΟΥΜΗΝΟΣΞΑΝΔΙΚΟΥΤΕΤΡΑΔΙΑΙΓΥΠΤΙΩΝΔΕΜΕΧΕΙΡΟΚΤΩΚΑΙΔΕΚΑΤΗΙΨΗΦΙΣΜΑΟΙΑΡΧΙΕΡΕΙΣΚΑΙΠΡΟΦΗΤΑΙ
ΘΕΩΝΚΑΙΠΤΕΡΟΦΟΡΑΙΚΑΙΙΕΡΟΓΡΑΜΜΑΤΕΙΣΚΥΟΙΑΛΛΟΙΙΕΡΕΙΣΠΑΝΤΕΣΟΙΑΠΑΝΤΗΣΑΝΤΕΣΕΚΤΩΝΚΑΤΑΤΗΝΧΩΡΑΝΙΕΡΩΝΕΙΣΜΕ
ΒΑΣΙΛΕΙΑΣΤΗΣΠΤΟΛΕΜΑΙΟΥΑΙΩΝΟΒΙΟΥΗΓΑΠΗΜΕΝΟΥΥΠΟΤΟΥΦΟΛΘΕΟΥΕΠΙΦΑΝΟΥΣΕΥΧΑΡΙΣΤΟΥΗΝΠΑΡΕΛΑΒΕΝΠΑΡΑΤΟΥΠΑΤΡΟΣΑΥΤ
ΕΠΕΙΔΗΒΑΣΙΛΕΥΣΠΤΟΛΕΜΑΙΟΣΑΙΩΝΟΒΙΟΣΗΓΑΠΗΜΕΝΟΣΥΠΟΤΟΥΦΟΛΘΕΟΣΕΠΙΦΑΝΗΣΕΥΧΑΡΙΣΤΟΣΘΕΓ΄ΒΑΣΙΛΕΩΣΠΤΟΛΕΜΑΙΟΥΚΑΙΒΑΣΙΛΙΣ
ΤΟΥΣΕΝΑΥΤΟΙΣΟΝΤΑΣΚΑΙΤΟΥΣΥΠΟΤΗΝΕΑΥΤΟΥΒΑΣΙΛΕΙΑΝΤΑΣΣΟΜΕΝΟΥΣΑΠΑΝΤΑΣΥΠΑΡΧΩΝΘΕΟΣΕΚΘΕΟΥΚΑΙΘΕΑΣΚΑΘΑΠΕΡΠΡΟΣΟΤΗΣΙΣΙΟ
ΕΥΕΡΓΕΤΙΚΩΣΔΙΑΚΕΙΜΕΝΟΣΑΜΑΤΕΘΕΙΚΕΝΕΙΣΤΑΙΕΡΑΑΡΓΥΡΙΚΑΣΤΕΚΑΙΣΙΤΙΚΑΣΠΡΟΣΟΔΟΥΣΚΑΙΔΑΠΑΝΑΣΠΟΛΛΑΣΥΠΟΜΕΜΕΝΗΚΕΝ
ΤΑΙΣΤΕΕΑΥΤΟΥΔΥΝΑΜΕΣΙΝΠΕΦΙΛΑΝΘΡΩΠΗΚΕΙΔΕΝΕΚΑΙΑΠΟΤΩΝΥΠΑΡΧΟΥΣΩΝΕΝΑΙΓΥΠΤΩΙΠΡΟΣΟΔΩΝΚΑΙΦΟΡΟΛΟΓΙΩΝΤΙΝΑΣΜΕΝΕΙΣΤΕΛ
ΑΠΗΓΜΕΝΟΥΣΚΑΙΤΟΥΣΕΝΑΙΤΙΑΙΣΟΝΤΑΣΕΚΠΟΛΛΟΥΧΡΟΝΟΥΑΠΕΛΥΣΕΤΩΝΕΝΚΕΚΛΙΜΕΝΩΝΠΡΟΣΕΤΑΞΕΔΕΚΑΙΤΑΣΠΡΟΣΟΔΟΥΣΤΩΝ
ΚΑΣΤΕΚΑΙΑΡΓΥΡΙΚΑΣΟΜΟΙΩΣΔΕΚΑΙΤΑΣΚΑΘΗΚΟΥΣΑΣΑΠΟΜΟΙΡΑΣΤΟΙΣΘΕΟΙΣΑΠΟΤΕΤΗΣΑΜΠΕΛΙΤΙΔΟΣΓΗΣΚΑΙΤΩΝΠΑΡΑΔΕΙΣΩΝ
ΜΕΝΕΙΝΕΠΙΧΩΡΑΣΠΡΟΣΕΤΑΞΕΝΔΕΚΑΙΠΕΡΙΤΩΝΙΕΡΕΩΝΟΠΩΣΜΗΘΕΝΠΛΕΙΟΝΔΙΔΩΣΙΝΕΙΣΤΟΤΕΛΕΣΤΙΚΟΝΟΥΕΤΑΣΣΟΝΤΟΕΩΣΤΟΥ
ΙΕΡΩΝΕΟΝΤΩΝΤΟΥΚΑΤΕΝΙΑΥΤΟΝΕΙΣΑΛΕΞΑΝΔΡΕΙΑΝΚΑΤΑΠΛΟΥΠΡΟΣΕΤΑΞΕΝΔΕΚΑΙΤΗΝΣΥΛΛΗΨΙΝΤΩΝΕΙΣΤΗΝΝΑΥΤΕΙΑΝΜΗΠΟΙΕ
ΟΘΩΝΙΩΝΑΠΕΛΥΣΕΝΤΑΔΥΟΜΕΡΗΤΑΤΕΕΓΛΕΙΜΜΕΝΑΠΑΝΤΑΕΝΤΟΙΣΠΡΟΤΕΡΟΝΧΡΟΝΟΙΣΑΠΟΚΑΤΕΣΤΗΣΕΝΕΙΣΤΗΝΚΑΘΗΚΟΥΣΑΝ
ΠΡΟΣΗΚΟΝΟΜΟΙΩΣΔΕΚΑΙΤΟΔΙΚΑΙΟΝΠΑΣΙΝΑΠΕΝΕΙΜΕΝΚΑΘΑΠΕΡΕΡΜΗΣΟΜΕΓΑΣΚΑΙΜΕΓΑΣΠΡΟΣΕΤΑΞΕΝΔΕΚΑΙΤΟΥΣΚΑ
ΦΡΟΝΗΣΑΝΤΩΝΕΝΤΟΙΣΚΑΤΑΤΗΝΤΑΡΑΧΗΝΚΑΙΡΟΙΣΚΑΤΕΛΘΟΝΤΑΣΜΕΝΕΙΝΕΠΙΤΩΝΙΔΙΩΝΚΤΗΣΕΩΝΠΡΟΕΝΟΗΘΗΔΕΚΑΙΟΠΩΣΕΞΑΠΟΣΤΑΛ
ΕΠΙΤΗΝΑΙΓΥΠΤΟΝΚΑΤΑΤΕΤΗΝΘΑΛΑΣΣΑΝΚΑΙΤΗΝΗΠΕΙΡΟΝΥΠΟΜΕΙΝΑΣΔΑΠΑΝΑΣΑΡΓΥΡΙΚΑΣΤΕΚΑΙΣΙΤΙΚΑΣΜΕΓΑΛΑΣ
ΝΟΣΔΕΚΑΙΕΙΣΑΥΚΩΝΠΟΛΙΝΤΗΝΕΝΤΩΙΒΟΥΣΙΡΙΤΗΙΗΝΚΑΤΕΙΛΗΜΜΕΝΗΝΚΑΙΩΧΥΡΩΜΕΝΗΝΠΡΟΣΠΟΛΙΟΡΚΙΑΝΟΠΛΩΝΤΕΠΑΡΑ
ΧΟΝΟΥΣΥΝΕΣΤΗΚΥΙΑΣΤΗΣΑΛΛΟΤΡΙΟΤΗΤΟΣΤΟΙΣΕΠΙΣΥΝΑΧΘΕΙΣΙΝΕΙΣΑΥΤΗΝΑΣΕΒΕΣΙΝΟΙΗΣΑΝΕΙΣΤΕΤΑΙΕΡΑΚΑΙΤΟ
ΤΙΚΛΟΙΣΑΣΧΩΜΑΣΙΝΤΕΚΑΙΤΑΦΡΟΙΣΚΑΙΤΕΙΧΙΣΙΝΑΥΤΗΝΑΞΙΟΛΟΓΟΙΣΠΕΡΙΕΛΑΒΕΝΤΟΥΤΕΝΕΙΛΟΥΤΗΝΑΝΑΒΑΣΙΝΜΕΓΑΛΗΝΠΙ
ΠΕΔΙΑΚΑΤΕΣΧΕΝΕΚΠΟΛΛΩΝΤΟΠΩΝΟΧΥΡΩΣΑΣΤΑΣΤΟΜΑΤΑΤΩΝΠΟΤΑΜΩΝΧΟΡΗΓΗΣΑΣΕΙΣΑΥΤΑΧΡΗΜΑΤΩΝΠΛΗΘΟΣ
ΑΥΤΩΝΕΝΟΛΙΓΩΙΧΡΟΝΩΙΤΗΝΤΕΠΟΛΙΝΚΑΤΑΚΡΑΤΟΣΕΙΛΕΝΚΑΙΤΟΥΣΕΝΑΥΤΗΙΑΣΕΒΕΙΣΠΑΝ
ΤΑΠΑΤΡΙΚΑΙΤΗΙΕΑΥΤΟΥΒΑΣΙΛΕΙΑΙΠΑΝΤΑΣΕΚΟΛΑΣΕΝΚΑΘΗΚΟΝΤΩΣΕΚΛΑΘΟΝΚΑΙΡΩΝΠΑΡΕΓΕΝΗΘΗΠΡΟΣΤΟΣΥΝΤΕΛΕΣΘΗ
ΤΗΙΣΙΕΡΟΙΣΟΦΕΙΛΟΜΕΝΑΕΙΣΤΟΒΑΣΙΛΙΚΟΝΕΩΣΤΟΥΟΓΔΟΟΥΕΤΟΥΣΕΟΝΤΑΕΙΣΣΙΤΟΥΤΕΚΑΙΑΡΓΥΡΙΟΥΠΛΗΘΟΣΟΥΚΟΛΙΓΟΝΩΣΑ
ΩΝΚΑΙΤΑΩΝΣΥΝΤΕΤΕΛΕΣΜΕΝΩΝΤΑΠΡΟΣΤΟΝΔΙΕΡΜΑΤΙΣΜΟΝΔΙΑΦΟΡΩΝΤΩΝΑΥΤΩΝΧΡΟΝΩΝΑΠΕΛΥΣΕΝΔΕΤΑΙΣΙΕΡΑΚΑΙΤΗΕΑΜΕΝ

MONUMENT DE ROSETTE

ΒΑΣΙΛΕΙΩΝ ΜΕΓΑΛΟΔΟΞΟΥ ΤΟΥ ΤΗΝ ΑΙΓΥΠΤΟΝ ΚΑΤΑΣΤΗΣΑΜΕΝΟΥ ΚΑΙ ΤΑ ΠΡΟΣ ΤΟΥΣ
ΟΣ ΚΥΡΙΟΥ ΤΡΙΑΚΟΝΤΑΕΤΗΡΙΔΩΝ ΚΑΘΑΠΕΡ Ο ΗΦΑΙΣΤΟΣ Ο ΜΕΓΑΣ ΒΑΣΙΛΕΩΣ ΚΑΘΑΠΕΡ Ο ΗΛΙΟΣ
ΣΕΔΟΚΙΜΑΣΕΝ ΩΙ Ο ΗΛΙΟΣ ΕΔΩΚΕΝ ΤΗΝ ΝΙΚΗΝ ΕΙΚΟΝΟΣ ΖΩΣΗΣ ΤΟΥ ΔΙΟΣ ΥΙΟΥ ΤΟΥ ΗΛΙΟΥ ΠΤΟΛΕΜΑΙΟΥ
ΟΥ ΚΑΙ ΘΕΩΝ ΣΩΤΗΡΩΝ ΚΑΙ ΘΕΩΝ ΑΔΕΛΦΩΝ ΚΑΙ ΘΕΩΝ ΕΥΕΡΓΕΤΩΝ ΚΑΙ ΘΕΩΝ ΦΙΛΟΠΑΤΟΡΩΝ ΚΑΙ
ΡΟΥ ΑΡΣΙΝΟΗΣ ΦΙΛΑΔΕΛΦΟΥ ΑΡΕΙΑΣ ΤΗΣ ΔΙΟΓΕΝΟΥΣ ΙΕΡΕΙΑΣ ΑΡΣΙΝΟΗΣ ΦΙΛΟΠΑΤΟΡΟΣ ΕΙΡΗΝΗΣ
ΜΛΟΙ ΑΡΧΙΕΡΕΙΣ ΚΑΙ ΠΡΟΦΗΤΑΙ ΚΑΙ ΟΙ ΕΙΣ ΤΟ ΑΔΥΤΟΝ ΕΙΣΠΟΡΕΥΟΜΕΝΟΙ ΠΡΟΣ ΤΟΝ ΣΤΟΛΙΣΜΟΝ ΤΩΝ
ΑΤ ΑΤ ΗΝ ΧΩΡΑΝ ΙΕΡΩΝ ΕΙΣ ΜΕΜΦΙΝ ΤΩΙ ΒΑΣΙΛΕΙ ΠΡΟΣ ΤΗΝ ΠΑΝΗΓΥΡΙΝ ΤΗΣ ΠΑΡΑΛΗΨΕΩΣ ΤΗΣ
ΑΡΕΛΑΒΕΝ ΠΑΡΑ ΤΟΥ ΠΑΤΡΟΣ ΑΥΤΟΥ ΣΥΝΑΧΘΕΝΤΕΣ ΕΝ ΤΑΙ ΕΜΜΕΜΦΕΗ ΕΩΙ ΤΗΙ ΗΜΕΡΑΙ ΤΑΥΤΗΙ ΕΙ ΠΑΝ
ΣΙΛΕΩΣ ΠΤΟΛΕΜΑΙΟΥ ΚΑΙ ΒΑΣΙΛΙΣΣΗΣ ΑΡΣΙΝΟΗΣ ΘΕΩΝ ΦΙΛΟΠΑΤΟΡΩΝ ΚΑΤΑ ΠΟΛΛΑ ΕΥΕΡΓΕΤΗΚΕΝ ΤΑ ΘΙΕΡΑ ΚΑΙ
ΚΑΙ ΘΕΑΣ ΚΑΘΑΠΕΡ ΠΡΟΣ Θ ΤΗ ΙΣΙΟΣ ΚΑΙ ΟΣΙΡΙΟΣ ΥΙΟΣ ΘΕ ΠΑΜΥΝΑΣ ΤΩΙ ΠΑΤΡΙ ΑΥΤΟΥ ΟΣΙΡΕΙ ΤΑ ΠΡΟΣ ΘΕΟΥΣ
ΝΑΣ ΠΟΛΛΑΣ ΥΠΟΜΕΜΕΝΗΚΕ ΝΕΝΕΚΑ ΤΟΥ ΤΗΝ ΑΙΓΥΠΤΟΝ ΕΙΣ ΕΥΔΙΑΝ ΑΓΑΓΕΙΝ ΚΑΙ ΤΑ ΙΕΡΑ ΚΑΤΑΣΤΗΣΑΣΘΑΙ
ΑΙ ΦΟΡΟΛΟΓΙΩΝ ΤΙΝΑΣ ΜΕΝ ΕΙΣ ΤΕΛΟΣ ΑΦΗΚΕΝ ΑΛΛΑΣ ΔΕ ΚΕΚΟΥΦΙΚΕΝ ΟΠΩΣ Ο ΤΕ ΛΑΟΣ ΚΑΙ ΟΙ ΑΛΛΟΙ ΠΑΝΤΕΣ ΕΝ
Ι ΤΩΙ ΚΑΙΡΩΙ ΕΝ ΤΗΙ ΛΟΙΠΗΙ ΒΑΣΙΛΕΙΑΙ ΑΥΤΟΥ ΟΝ ΤΑ ΠΟΛΛΑ ΤΩΙ ΠΛΗΘΕΙ ΑΦΗΚΕΝ ΚΑΙ ΤΟΥΣ ΕΝ ΤΑΙΣ ΦΥΛΑΚΑΙΣ
ΕΤΑΞΕ ΔΕ ΚΑΙ ΤΑΣ ΠΡΟΣΟΔΟΥΣ ΤΩΝ ΙΕΡΩΝ ΚΑΙ ΤΑΣ ΔΙΔΟΜΕΝΑΣ ΕΙΣ ΑΥΤΑ ΚΑΤ ΕΝΙΑΥΤΟΝ ΣΥΝΤΑΞΕΙΣ ΣΙΤΙ
ΤΙ ΔΟΕΓ ΗΣ ΚΑΙ ΤΩΝ ΠΑΡΑΔΕΙΣΩΝ ΚΑΙ ΤΩΝ ΑΛΛΩΝ ΤΩΝ ΥΠΑΡΞΑΝΤΩΝ ΤΟΙΣ ΘΕΟΙΣ ΕΠΙ ΤΟΥ ΠΑΤΡΟΣ ΑΥΤΟΥ
ΤΙΚΟΝ ΟΥ ΤΕ ΤΑΣ ΣΟΝ ΤΟ ΕΩΣ ΤΟΥ ΠΡΩΤΟΥ ΕΤΟΥΣ ΕΠΙ ΤΟΥ ΠΑΤΡΟΣ ΑΥΤΟΥ ΑΠΕΛΥΣΕΝ ΔΕ ΚΑΙ ΤΟΥΣ ΕΚ ΤΩΝ
ΤΩΝ ΕΙΣ ΤΗΝ ΝΑΥΤΕΙΑΝ ΜΗ ΠΟΙΕΙ ΣΟΛΙΤΩΝ ΤΕ ΙΣ ΤΟ ΒΑΣΙΛΙΚΟΝ ΣΥΝΤΕΛΟΥΜΕΝΩΝ ΕΝ ΤΟΙΣ ΙΕΡΟΙΣ ΒΥΣΣΙΝΩΝ
Σ ΤΗΣ ΕΝ ΕΙΣ ΤΗΝ ΚΑΘΗΚΟΥΣΑΝ ΤΑΞΙΝ ΦΡΟΝΤΙΖΩΝ ΟΠΩΣ ΤΑ ΕΙΘΙΣΜΕΝΑ ΣΥΝΤΕΛΗΤΑΙ ΤΟΙΣ ΞΕΟΙΣ ΚΑΤΑ ΤΟ
ΑΣ ΠΡΙΣ ΕΤΑΞΕΝ ΑΔΕ ΚΑΙ ΤΟΥΣ ΚΑΤΑΠΟΡΕΥΟΜΕΝΟΥΣ ΕΚ ΤΕ ΤΩΝ ΜΑΧΙΜΩΝ ΚΑΙ ΤΩΝ ΑΛΛΩΝ ΤΩΝ ΑΛΛΟΤΡΙΑ
ΝΟΗΘΗ ΔΕ ΚΑΙ ΟΠΩΣ ΕΞΑΠΟΣΤΑΛΩΣΙΝ ΔΥΝΑΜΕΙΣ ΙΠΠΙΚΑΙ ΤΕ ΚΑΙ ΠΕΖΙΚΑΙ ΚΑΙ ΝΗΕΣ ΕΠΙ ΤΟΥΣ ΕΠΕΛΘΟΝΤΑΣ
ΡΙΚΑΣ ΤΕ ΚΑΙ ΠΟΛΙΤΙΚΑΣ ΜΕΓΑΛΑΣ ΟΠΩΣ ΤΑ ΟΙ ΙΕΡΑ ΚΑΙ ΟΙ ΕΝ ΑΥΤΗΙ ΠΑΝΤΑΣ ΕΝ ΑΣΦΑΛΕΙΑΙ ΩΣΙΝ ΠΑΡΑΓΙΝΟΜΕ
ΣΠΟΛΙΟΡΚΙΑΝ ΟΠΛΩΝ ΤΕ ΠΑΡΑΘΕΣΕΙ ΔΑΨΙΛΕΣΤΕΡΑΙ ΚΑΙ ΤΗΙ ΑΛΛΗΙ ΧΟΡΗΓΙΑΙ ΠΑΣΗΙ ΩΣ ΑΝΕΚΠΟΛΛΟΥ
ΣΙΝ ΟΙΗΣΑΝ ΕΙΣ ΤΕ ΤΑ ΙΕΡΑ ΚΑΙ ΤΟΥΣ ΕΝ ΑΙΓΥΠΤΩΙ ΚΑΤΟΙΚΟΥΝΤΑΣ ΠΟΛΛΑ ΚΑΚΑ ΣΥΝΤΕΤΕΛΕΣΜΕΝΟΙ ΚΑΙ ΑΝ
ΟΥ ΤΗΝ ΑΝΑΒΑΣΙΝ ΜΕΓΑΛΗΝ ΠΟΙΗΣΑΜΕΝΟΥ ΕΝ ΤΩΙ ΙΣΤ ΔΟΛΙΕΤΕΙ ΚΑΙ ΕΙΟΙΣΜΕΝΟΥ ΚΑΤΑΚΑΥΣΕΙΝ ΤΑ
ΡΙΣ ΑΥ ΤΑ ΧΡΗΜΑΤΩΝ ΠΑΗΘΟΣ ΟΥΚ ΟΛΙΓΟΝ ΚΑΙ ΚΑΤΑΣΤΗΣΑΣ ΙΠΠΕΙΣ ΤΕ ΚΑΙ ΠΕΖΟΥΣ ΠΡΟΣ ΤΗΙ ΦΥΛΑΚΗΙ
Α Σ ΔΙΕΦΘΕΙΡΕΝ ΚΑΘΑΠΕΡ [...] ΗΣ ΚΑΙ ΩΡΟΣ Ο ΤΗΣ ΙΣΙΟΣ ΚΑΙ ΟΣΙΡΙΟΣ ΥΙΟΣ ΕΧΕΙΡΩΣΑΝΤΟ ΤΟΥΣ ΕΝ ΤΟΙΣ ΑΥΤΟΙΣ
ΡΟΣ ΚΑΙ ΤΗΝ ΧΩΡΑΝ [...] ΑΝΤΑΣ ΚΑΙ ΤΑ ΙΕΡΑ ΑΔΙΚΗΣΑΝΤΑΣ ΠΑΡΑΓΕΝΟΜΕΝΟΣ ΕΙΣ ΜΕΜΦΙΝ ΕΠΑΜΥΝΩΝ
ΡΟΣ ΤΟ ΣΥΝΤΕΛΕΣΘΗ [...] ΠΡΟΣΗΚΟΝ ΤΑΝΘ ΜΙΜΑ ΤΗΙ ΠΑΡΑΛΗΨΕΙ ΤΗΣ ΒΑΣΙΛΕΙΑΣ ΑΦΗΚΕΝ ΔΕ ΚΑΙ ΤΑ ΕΑ
ΟΘ ΟΥΚ ΟΛΙΓΟΝ ΩΣΑ [...] ΑΙ ΤΑΣ ΤΙΜΑΣ ΤΩΝ ΜΗ ΣΥΝΤΕΤΕΛΕΣΜΕΝΩΝ ΕΙΣ ΤΟ ΒΑΣΙΛΙΚΟΝ ΒΥΣΣΙΝΩΝ ΟΘ
ΙΝΑ ΔΕ ΤΑ ΙΕΡΑ ΚΑΙ ΤΗΣ ΑΓ [...] ΜΕΝΗ ΣΑΡΤΑΒΗΣ ΤΩΙ ΑΡΟΥΡΑΙ ΤΗΣ ΙΕΡΑΣ ΓΗΣ ΚΑΙ ΤΗΣ ΑΜΠΕΛΙΤΙΔΟΣ ΟΜΟΙ

ΥΕ
ΚΑ
ΥΔ
ΤΟΝ
ΙΕΡ
ΤΙ
ΤΝ
ΠΛΛ
ΗΣ
ΙΟΙ
ΛΛ.
ΠΣ
ΑΛ
ΒΛΤ
ΤΗ
ΘΣ
ΓΟ
ΗΙ
ΕΝ
ΡΙΣ
Ω
ΙΓ
ΚΑ

	Line
ΥΕΚΡΕΝΗΗΚΟΝ	31
ΚΑΙΑΙΕΝΝΟΜΙ	32
ΥΔΙΣΠΙΟΝΤΕΚ	33
ΟΝΥΗΝΗΗΚΟ	34
ΙΞΡΕΔΛΓΑ	35
ΤΕΩΝΛΤ	36
ΝΙΥΤΙΡΓ	37
ΛΦΑΝ	38
ΛΡΟΥΣ	39
ΝΟΠ	40
ΣΑΡΣ	41
ΩΝΙ	42
ΣΕΧΡ	43
ΧΕΙ	44
ΒΑΣΛΤΟ	45
ΤΗΓΕΝ	46
ΟΣΙΛΣΙΝ	47
ΤΟΙΠΛΓ	48
ΗΙΟΕΩ	49
ΕΝΚΑΙ	50
ΙΣΟΥΣ	51
ΩΕΧΙ	52
ΙΓΛΚ	53
ΚΑΩΝ	54

ΤΟΚΕΡΑΜΙΟΝΤΗΙΑΡΟΥΡΑΙΤΩΙΤΕΑΠΕΙΚΑΙΤΩΙΜΚΓΥΕΙΠΟΛΛΑΞΑΔΩΡΗΣΑΤΟΚΑΙΤΟΙΣΑΛΛΟΙΣΙΕΡΟΙΣΩΠΙΟΙΣΤΟΙΣΕΝΑΙΓΥΠΤΩΙΠΟΛΥΚΡΕΙΣΣΟΝΤΩ
ΑΥΤΑΔΙΑΠΑΝΤΟΣΤΑΤΕΙΣΤΑΣΤΑΦΑΣΑΥΤΩΝΚΑΘΗΚΟΝΤΑΔΙΔΟΥΣΔΑΨΙΛΩΣΚΑΙΕΝΑΘΞΩΣΚΑΙΤΑΤΕΛΙΣΚΟΜΕΝΑΕΙΣΤΑΙΔΙΑΙΕΡΑΜΕΤΑΟ
ΤΑΤΕΤΙΜΙΑΤΩΝΙΕΡΩΝΚΑΙΤΗΣΑΙΓΥΠΤΟΥΔΙΑΤΕΤΗΡΗΚΕΝΕΠΙΧΩΡΑΣΑΚΟΛΟΥΘΩΣΤΟΙΣΝΟΜΟΙΣΚΑΙΤΟΑΠΙΕΙΟΝΕΡΓΟΙΣΠΟΛΥΤΕΛΕ
ΟΥΚΑΙΑΙΟΩΝΠΟΛΥΤΕΛΩΝΠΛΗΘΟΣΟΥΚΟΛΙΓΟΝΚΑΙΙΕΡΑΚΑΙΝΑΟΥΣΚΑΙΒΩΜΟΥΣΙΔΡΥΣΑΤΟΤΑΤΕΠΡΟΣΔΕΟΜΕΝΑΕΠΙΣΚΕΥΗΣΠΡΟΣΔΙΩ
ΟΕΙΩΝΔΙΑΝΟΙΑΝΠΡΟΣΠΥΝΘΑΝΟΜΕΝΟΣΤΕΤΑΤΩΝΙΕΡΩΝΤΙΜΙΩΤΑΤΑΑΝΑΝΕΟΥΤΟΕΠΙΤΗΣΕΑΥΤΟΥΒΑΣΙΛΕΙΑΣΩΣΚΑΘΗΚΕΙΑΝΟΩΝΑΞΩΣΚΑΙΙΝΑΥ
ΤΗΣΒΑΣΙΛΕΙΑΣΔΙΑΜΕΝΟΥΣΗΣΑΥΤΩΙΚΑΙΤΟΙΣΤΕΚΝΟΙΣΕΙΣΤΟΝΑΠΑΝΤΑΧΡΟΝΟΝ ΑΓΑΘΗΙΤΥΧΗΙΕΔΟΞΕΝΤΟΙΣΙΕΡΕΥΣΙΤΩΝΚΑΤΑΤΙ
ΤΩΙΑΙΩΝΟΒΙΩΒΑΣΙΛΕΙΠΤΟΛΕΜΑΙΩΙΗΓΑΠΗΜΕΝΩΙΥΠΟΤΟΥΦΘΑΟΘΩΠΙΕΠΙΦΑΝΕΙΣΥΧΑΡΙΣΤΩΙΟΜΟΙΩΣΔΕΚΑΙΤΑΤΩΝΓΟΝΕΩΝΑΥΤΟΥΘΕΩΝΦ
ΤΑΝΟΩΝΑΔΕΛΦΩΝΚΑΙΤΑΤΩΝΘΕΩΝΕΩΝΙΩΤΗΡΩΝΕΠΑΥΞΕΙΝΜΕΓΑΛΩΣΕΤΗΣΑΙΔΕΤΟΥΛΙΩΝΟΒΙΟΥΒΑΣΙΛΕΩΣΠΤΟΜΑΙΟΥΘΕΟΥΕΠΙΦΑΝΟΥΣΕΥΧΑΙ
ΗΠΡΟΣΟΝΟΜΑΣΘΗΣΕΤΑΙΠΤΟΛΕΜΑΙΟΥΤΟΥΕΠΑΜΥΝΑΝΤΟΣΤΗΙΑΙΓΥΠΤΩΙΜΙΠΑΡΕΣΤΗΣΕΤΑΙΟΚΥΡΙΩΤΑΤΟΣΘΕΟΣΟΣΤΟΥΙΕΡΟΥΔΙΔΟΥΣΑΥΤΩΙΟΙ
ΤΡΟΠΟΝΚΑΙΤΟΥΣΙΕΡΕΥΣΘΕΡΑΠΕΥΕΙΝΤΑΣΕΙΚΟΝΑΣΤΡΙΣΤΗΣΗΜΕΡΑΣΚΑΙΠΑΡΑΤΙΘΕΝΑΙΑΥΤΑΙΣΙΕΡΟΝΚΟΣΜΟΝΚΑΙΤΑΛΛΑΤΑΝΟΜΙΖΟΜΕΝ
ΝΗΓΥΡΕΣΙΝΙΔΡΥΣΑΣΘΑΙΔΕΒΑΣΙΛΕΙΠΤΟΛΕΜΑΙΩΘΕΩΙΕΠΙΦΑΝΕΙΕΥΧΑΡΙΣΤΩΙΤΩΙΕΡΩΒΑΣΙΛΕΩΣΠΤΟΛΕΜΑΙΟΥΚΑΙΒΑΣΙΛΙΣΣΗΣΑΡΣΙΝΟΗΣΘΕΩ
ΕΙΩΝΚΑΙΚΑΘΙΔΡΥΣΑΙΕΝΤΟΙΣΛΑΥΤΟΙΣΜΕΤΑΤΩΝΑΛΛΩΝΝΑΩΝΚΑΙΕΝΤΑΙΣΜΕΓΑΛΑΙΣΠΑΝΗΓΥΡΕΣΙΝΕΝΑΙΣΕΞΟΔΕΙΑΙΤΩΝΝΑΩΝΓΙ
ΞΟΔΕΥΕΙΝΟΩΠΙΔΕΥΣΗΜΟΣΙΗΙΝΥΝΤΕΚΑΙΕΙΣΤΟΝΕΠΕΙΤΑΧΡΟΝΟΝΕΠΙΚΕΙΣΘΑΙΤΩΙΝΑΩΙΤΑΣΤΟΥΒΑΣΙΛΕΩΣΧΡΥΣΑΣΒΑΙ
ΓΑΝΑΣΠΙΑΘΕΙΔΩΝΒΑΣΙΛΕΙΩΝΤΡΗΕΠΙΤΩΝΑΛΛΩΝΝΑΩΝΠΡΟΣΤΑΙΔΑΥΤΩΝΕΝΤΩΙΜΕΣΩΙΗΚΑΛΟΥΜΕΝΗΒΑΣΙΛΕΙΑΨΧΕΝΤΗΗΠΕ
ΤΕΛΕΣΟΗΙΤΑΝΟΜΙΖΟΜΕΝΑΤΗΙΠΑΡΑΛΗΨΕΙΤΗΣΒΑΣΙΛΕΙΑΣΕΠΙΘΕΙΝΑΙΔΕΚΑΙΕΠΙΤΟΥΠΕΡΙΤΑΣΒΑΣΙΛΕΙΑΣΤΕΤΡΑΓΩΝΟΥΚΑΤΑΤΟΠΡΟΕΙΡΗ
ΦΑΝΗΠΟΙΗΣΑΝΤΟΣΤΗΝΤΕΑΛΛΗΝΧΩΡΑΝΚΑΙΤΗΝΚΑΤΩΚΑΙΕΠΕΙΤΗΝΤΡΙΑΝΑΔΑΤΟΥΤΟΥΜΕΣΟΡΗΕΝΗΙΤΑΓΕΝΕΘΛΙΑΤΟ
ΤΙΣΕΣΤΙΝΤΟΥΒΑΣΙΛΕΩΣΤΟΥΕΠΩΝΥΜΟΥΣΝΕΝΟΜΙΚΑΣΙΝΕΝΤΟΙΣΙΕΡΟΙΣΑΙΔΗΜΟΑΛΩΝΑΓΑΩΠΑΡΧΗΓΟΙΠΑΣΙΝΕΙΣΙΝΑΡΙ
ΕΝΗΠΑΡΕΛΑΒΕΝΤΗΝΒΑΣΙΛΕΙΑΝΠΑΡΑΤΟΥΠΑΤΡΟΣΟΥΣΙΑΣΚΑΙΣΠΟΝΔΑΣΚΑΙΤΑΛΛΑΤΑΝΟΜΙΖΟΜΕΝΑΚΑΘΑΚΑΙΕΝΤΑΙΣΑΛΛΑΙΣΠΑΝΗΓΥΡΕΣΙ
ΓΥΠΤΟΝΙΕΡΟΙΣΚΑΤΑΜΗΝΑΚΑΙΣΥΝΤΕΛΕΣΙΝΕΝΑΥΤΟΙΣΟΥΣΙΑΣΚΑΙΣΠΟΝΔΑΣΚΑΙΤΑΛΛΑΤΑΝΟΜΙΖΟΜΕΝΑΚΑΘΑΚΑΙΕΝΤΑΙΣΑΛΛΑΙΣΠΑΝΗΓΥΡΕΣΙ
ΡΕΧΟΜΕΝΟΙΣΕΝΤΟΙΣΙΕΡΟΙΣΑΓΕΙΝΔΕΕΟΡΤΗΝΚΑΙΠΑΝΗΓΥΡΙΝΤΩΙΑΙΩΝΟΒΙΩΙΚΑΙΗΓΑΠΗΜΕΝΩΔΙΥΠΟΤΟΥΦΘΑΒΑΣΙΛΕΙΠΤΟΛΕΜΑΙΩΘΕΩΙΕΠΙΦΑΝΕ
ΧΩΡΑΝΑΠΟΤΗΝΟΥΜΗΝΙΑΣΤΟΥΘΩΥΘΟΕΦΗΜΕΡΑΣΠΕΝΤΕΕΝΑΙΣΚΑΙΣΤΕΦΑΝΗΦΟΡΗΣΟΥΣΙΝΣΥΝΤΕΛΟΥΝΤΕΣΟΥΣΙΑΣΚΑΙΣΠΟΝΔΑΣΚΑΙΤΑΛΛΑΤ
ΚΑΙΤΟΤΟΣΕΟΥΕΠΙΦΑΝΟΥΣΕΥΧΑΡΙΣΤΟΥΙΕΡΕΙΣΠΡΟΣΤΟΙΣΑΛΛΟΙΣΟΝΟΜΑΣΙΝΤΩΝΟΕΩΝΑΝΙΕΡΑΤΕΥΟΥΣΙΚΑΙΚΑΤΑΧΩΡΙΣΑΙΕΙΣΠΑΝΤΑΣΤΟΥΣΧΡΗΜΑΤ
ΙΕΡΑΤΕΙΑΝΑΥΤΟΥΕΞΕΙΝΑΙΔΕΚΑΙΤΟΙΣΑΛΛΟΙΣΙΔΙΩΤΑΙΣΑΓΕΙΝΤΗΝΕΟΡΤΗΝΚΑΙΤΟΝΠΡΟΕΙΡΗΜΕΝΟΝΝΑΟΝΙΔΡΥΕΣΘΑΙΚΑΙΕΧΕΙΝΠΑΡΑΥ
ΣΚΑΤΕΝΙΑΥΤΟΝΟΠΩΣΓΝΩΡΙΜΟΝΗΙΔΙΟΤΙΟΙΕΝΑΙΓΥΠΤΩΙΑΥΞΟΥΣΙΚΑΙΤΙΜΩΣΙΤΟΝΘΕΟΝΕΠΙΦΑΝΗΕΥΧΑΡΙΣΤΟΝΒΑΣΙΛΑΒΑΚΑΘΑΠΕΡΝ
ΤΕΡΕΟΥΛΙΟΟΥΤΟΙΣΠΕΙΕΡΟΙΣΚΑΙΕΓΧΩΡΙΟΙΣΚΑΙΕΛΛΗΝΙΚΟΙΣΓΡΑΜΜΑΣΙΝΚΑΙΣΤΗΣΑΙΕΝΕΚΑΣΤΩΙΤΩΝΤΕΠΡΩΤΩΝΚΑΙΔΕΥ

ΤΟΙΣΑΛΛΟΙΣΙΕΡΟΙΣΣΩΟΙΣΤΟΙΣΕΝΑΙΓΥΠΤΩΙΠΟΛΥΚΡΕΙΣΣΟΝΤΩΝΠΡΟΑΥΤΟΥΒΑΣΙΛΕΙΩΝΦΡΟΝΤΙΖΩΝΥΠΕΡΤΩΝΑΝΗΚΟΝ
ΩΣΚΑΙΕΝΑΘΩΣΚΑΙΤΑΤΕΛΙΣΚΟΜΕΝΑΕΙΣΤΑΙΔΙΑΙΕΡΑΜΕΤΑΟΥΣΙΩΝΚΑΙΠΑΝΗΓΥΡΕΩΝΚΑΙΤΩΝΑΛΛΩΝΤΩΝΝΟΜΙ
ΛΣΑΚΟΛΟΥΘΩΣΤΟΙΣΝΟΜΟΙΣΚΑΙΤΑΠΙΣΙΟΝΕΡΓΟΙΣΠΟΛΥΤΕΛΕΣΙΝΚΑΤΕΣΚΕΥΑΣΕΝΧΟΡΗΓΗΣΑΣΕΙΣΑΥΤΟΧΡΥΣΙΟΝΤΕΚ
ΜΟΥΣΙΔΡΥΣΑΤΟΤΑΤΕΠΡΟΣΔΕΟΜΕΝΑΕΠΙΣΚΕΥΗΣΠΡΟΣΔΙΩΡΘΩΣΑΤΟΕΧΩΝΟΕΟΥΕΥΕΡΓΕΤΙΚΟΥΕΝΤΟΙΣΑΝΗΚΟ
ΙΤΗΣΕΑΥΤΟΥΒΑΣΙΛΕΙΑΣΩΣΚΑΘΗΚΕΙΑΝΟΩΝΑΕΔΩΚΑΣΙΝΑΥΤΩΙΟΙΟΘΕΟΙΥΓΙΕΙΑΝΝΙΚΗΝΚΡΑΤΟΣΚΑΙΤΑΛΛΑΓΑ
ΚΡΟΝΟΝΑΓΑΘΗΙΤΥΧΗΙΕΔΟΞΕΝΤΟΙΣΙΕΡΕΥΣΙΤΩΝΚΑΤΑΤΗΝΧΩΡΑΝΙΕΡΩΝΠΑΝΤΩΝΤΑΥΠΑΡΧΟΝΤΑΤ
ΑΝΕΙΣΕΥΧΑΡΙΣΤΩΙΟΜΟΙΩΣΔΕΚΑΙΤΑΤΟΜΕΝΕΩΝΑΥΤΟΥΘΕΩΝΦΙΛΙΠΑΤΟΡΩΝΚΑΙΤΑΤΩΝΠΡΟΓΟΝΩΝΘΕΩΝΕΥΕΡΓ
ΤΟΥΛΙΩΝΟΒΙΟΥΒΑΣΙΛΕΩΣΠΤΟΜΑΙΟΥΘΕΟΥΕΠΙΦΑΝΟΥΣΕΥΧΑΡΙΣΤΟΥΕΙΚΟΝΑΕΝΕΚΑΣΤΩΙΕΡΩΙΕΝΤΩΙΕΠΙΦΑ
ΑΡΕΣΤΗΣΕΤΑΙΟΚΥΡΙΩΤΑΤΟΣΘΕΩΣΤΟΥΙΕΡΟΥΔΙΔΟΥΣΑΥΤΩΙΟΠΛΩΝΝΙΚΗΤΙΚΟΝΑΕΣΤΑΙΚΑΤΕΣΚΕΥΑΣΜΕΝ
ΝΛΙΑΥΤΑΙΣΙΕΡΟΝΚΟΣΜΟΝΚΑΙΤΑΛΛΑΤΑΝΟΜΙΖΟΜΕΝΑΣΥΝΤΕΛΕΙΝΚΑΘΑΚΑΙΤΟΙΣΑΛΛΟΙΣΘΕΟΙΣΕΝ
ΤΩΙΕΓΒΑΣΙΛΕΩΣΠΤΟΛΕΜΑΙΟΥΚΑΙΒΑΣΙΛΙΣΣΗΣΑΡΣΙΝΟΗΣΘΕΩΝΦΙΛΟΠΑΤΟΡΩΝΕΞΘΑΝΟΝΤΕΚΑΙΝΑΘΝΧΡ
ΓΑΛΛΙΣΜΑΝΗΓΥΡΕΣΙΝΕΝΑΙΣΕΞΟΔΕΙΑΙΤΩΝΝΑΩΝΓΙΝΟΝΤΑΙΚΑΙΤΟΝΤΟΥΘΕΟΥΕΠΙΦΑΝΟΥΣΕΥ
ΕΠΙΚΕΙΣΘΑΙΤΩΙΝΑΩΙΤΑΣΤΟΥΒΑΣΙΛΕΩΣΧΡΥΣΑΣΒΑΣΙΛΕΙΑΣΔΕΚΑΛΙΣΠΡΟΣΚΕΙΣΕΤΑΙΑΣΠΙΣ
ΓΩΝΕΝΤΩΙΜΕΣΩΙΩΝΗΚΑΛΟΥΜΕΝΗΒΑΣΙΛΕΙΑΨΧΕΝΤΗΝΠΕΡΙΟΘΕΜΕΝΟΣΕΙΣΗΛΘΕΝΕΙΣΤΟΕΝΜΕΜΨ
ΙΕΠΙΤΟΥΠΕΡΙΤΑΣΒΑΣΙΛΕΙΑΣΤΕΤΡΑΓΩΝΟΥΚΑΤΑΤΟΠΡΟΕΙΡΗΜΕΝΟΝΒΑΣΙΛΕΙΟΝΦΥΛΑΚΤΗΡΙΑΧΡ
ΤΩΚΑΙΕΠΕΙΤΗΝΤΡΙΑΝΑΔΑΤΟΥΤΟΥΜΕΞΟΡΗΕΜΗΙΤΑΓΕΝΕΟΛΙΑΤΟΥΒΑΣΙΛΕΩΣΑΓΕΤΑΙΟΜΟΙΩΣΔΕΚΑΙ
ΣΙΝΕΝΤΟΙΣΙΕΡΟΙΣΑΙΔΗΜΟΛΑΔΩΝΑΓΑΘΩΝΑΡΧΗΓΟΙΣΑΣΙΝΕΙΣΙΝΑΓΕΙΝΤΑΣΗΜΕΡΑΣΤΑΥΤΑΣΕΟΡΤ
ΙΤΑΛΛΑΤΑΝΟΜΙΖΟΜΕΝΑΚΑΘΟΑΚΑΙΕΝΤΑΙΣΑΛΛΑΙΣΠΑΝΗΓΥΡΕΣΙΝΤΑΣΤΕΓΙΝΟΜΕΝΑΣΠΡΟΘΕ
ΙΓΑΠΗΜΕΝΩΙΥΠΟΤΟΥΦΘΑΒΑΣΙΛΕΙΠΤΟΛΕΜΑΙΔΙΟΘΩΙΣΕΠΙΦΑΝΕΙΕΥΧΑΡΙΣΤΩΙΚΑΤΕΝΙ
ΗΣΟΥΣΙΝΣΥΝΤΕΛΟΥΝΤΕΣΘΥΣΙΑΣΚΑΙΣΠΟΝΔΑΣΚΑΙΤΑΛΛΑΤΑΚΑΘΗΚΟΝΤΑΠΡΟ
ΑΝΙΕΡΑΤΕΥΟΥΣΙΚΑΙΚΑΤΑΧΩΡΙΣΑΙΕΙΣΠΑΝΤΑΣΤΟΥΣΧΡΗΜΑΤΙΣΜΟΥΣΚΑΙΕΙΣ
ΝΚΑΙΤΟΝΠΡΟΕΙΡΗΜΕΝΟΝΝΑΟΝΙΔΡΥΕΣΟΛΙΚΑΙΕΞΕΙΝΠΑΡΑΥΤΟΙΣΣΥΝΤΕΛΟ
ΩΣΙΤΟΝΘΕΟΝΕΠΙΦΑΝΗΕΥΧΑΡΙΣΤΟΝΒΑΣΙΛΕΑΚΑΘΑΠΕΡΝΟΜΙΜΟΝΕΣΤΙΝ
ΣΙΝΚΑΙΣΤΗΣΛΙΕΝΕΚΑΣΤΩΙΤΩΝΤΕΠΡΩΤΩΝΚΑΙΔΕΥΤΕΡΩΝ